SCHNELLE GERICHTE AUS DEM
WOK

Schnelle Gerichte aus dem Wok

David Lee

FÜR SIE

Die Originalausgabe erschien 1997 in Großbritannien
in der Reihe „Kitchen Library“ bei Hamlyn
für Marks & Spencer p.l.c.
Baker Street, London
unter dem Titel: Wok & Stir-fry

Printed in China
Auflage: 5. 4. 3. 2.
Jahr: 02 01 00 99

Übersetzung aus dem Englischen: Christiane Daxer
Projektleitung: Claudia Bruckmann
Redaktion und Satz: Redaktionsbüro Cornelia Klaeger, München
Produktion: Jürgen Bischoff, Verena Römer
Umschlaggestaltung: Johanna Borde
Umschlagfoto: Octopus Publishing Group Ltd.
Rezeptfotos: Octopus Publishing Group Ltd./GGS Photographics/Graham Kirk/James Murphy/
Clive Streeter/Philip Webb

ISBN 3-7742-4159-7

Wichtiger Hinweis:
Das Rezept für das Gericht „Schweinefleisch mit Gemüse“ auf dem Titelbild finden Sie auf Seite 35.

Inhalt

EINLEITUNG

Das Pfannenrühren ist eine uralte Gartechnik aus Südostasien, die mittlerweile auch in unsere Küchen Einzug gehalten hat. Beim Pfannenrühren werden alle Zutaten in sehr heißem Öl mit Gewürzen sowie wahlweise Soßen, Brühen und Wein nur kurz und unter ständigem Rühren gegart.

Diese schnelle und einfache Art zu garen ist nicht nur ideal für alle Leute mit wenig Zeit, sondern auch für all diejenigen, die auf eine gesunde Ernährung Wert legen. Denn Fleisch, Fisch, Reis und Gemüse behalten beim Pfannenrühren mehr wertvolle Inhaltsstoffe als beispielsweise beim Kochen in viel Flüssigkeit.

Sie finden in diesem Buch eine Fülle von verlockenden Rezepten, die Sie im Wok zubereiten können: mit Hähnchen und Ente, mit Rindfleisch, Schweinefleisch und Lamm, mit Fisch und Meeresfrüchten, mit Gemüse sowie mit Nudeln und Reis. Für Vegetarier gibt es viele attraktive Anregungen in den letzten beiden Kapiteln finden. Die meisten Rezepte stammen aus Südostasien, von China bis Malaysia, einige sind westlich geprägt. Alle Rezepte sind leicht nachzukochen, spezielle Gewürze und Würzsoßen bekommen Sie im Asienladen.

DER WOK – IDEAL ZUM PFANNENRÜHREN

Obwohl Sie auch in einer schweren, gußeisernen Pfanne Gerichte unter Pfannenrühren zubereiten können, ist das optimale Gerät immer noch der chinesische Kochtopf, der Wok. Er eignet sich zum Dünsten, Schmoren, Dämpfen und Fritieren. Der runde Boden und die abfallenden Seitenwände ermöglichen es, daß die angebratenen Zutaten an den Rand hinaufgeschoben werden. Dabei fließt das Öl wieder nach unten, auf den Boden des Woks zurück, während die Zutaten bei schwacher Hitze am Rand immer noch weiter garen.

Wenn Sie sehr häufig Gerichte im Wok zubereiten möchten, sollten Sie sich zwei Woks in verschiedenen Größen zulegen: einen großen mit zwei Griffen und Deckel zum Fritieren und Dünsten sowie einen kleineren mit nur einem Griff zum Pfannenrühren. Ein Wokgitter, das auf die eine Hälfte des Woks gesetzt wird, ist nützlich, um gegarte Zutaten darauf abtropfen zu lassen. Beim Pfannenrühren müssen Sie mit beiden Händen arbeiten: mit der einen halten Sie den Griff des Woks und mit der anderen rühren Sie die Zutaten fortwährend mit einem Holzschaber oder Stäbchen.

KOCHUTENSILIEN FÜR DEN WOK

Für die Wok-Küche sollten Sie sich noch ein paar weitere passende Kochutensilien zulegen. Dazu gehören: ein *Wokgitter,* das auf den Wokrand gesetzt wird (siehe oben), ein *Schaumlöffel*, um die Zutaten herauszuheben und mehrere *Holzschaber* (oder Stäbchen) zum Rühren. Thailändische Köche benutzen zusätzlich noch einen grobmaschigen *Fritierkorb*, in dem sie die Zutaten in das heiße Öl tauchen. Unerläßlich für das Zerkleinern der Zutaten vor dem Garen im Wok sind ein oder zwei solide *Schneidebretter* aus Holz und ein paar *scharfe Messer.* Darunter sollte ein Messer mit schmaler Klinge zum Zerkleinern, Schneiden und Würfeln, ein schweres Messer zum feinen Schneiden von Fleisch und ein Messer zum Abtrennen der Knochen und Gelenke von Geflügel sein. Zusätzlich lohnt es sich, *Stößel und Mörser* zu erwerben, die zum Zerstoßen von ganzen Gewürzen und zum Herstellen von Pasten, wie der Knoblauchmischung (siehe rechts), hilfreich sind.

VOR DEM ERSTEN GEBRAUCH

Obwohl bei uns Woks aus Edelstahl mit Antihaftbeschichtung angeboten werden, gilt der traditionelle chinesische Wok aus Gußeisen immer noch als der beste unter erfahrenen Wok-Köchen. Ein neuer Wok aus Gußeisen ist immer mit einem Öl- oder Wachsfilm überzogen, um ihn vor dem Rosten zu schützen. Vor der ersten Verwendung muß dieser Schutzfilm so entfernt werden:

- Den Wok bei starker Hitze sehr heiß werden lassen. Von der Kochstelle nehmen, in warmem Seifenwasser mit einer Bürste schrubben und gut ausspülen. Wok bei mittlerer Hitze auf der Kochstelle trocknen lassen.
- Jetzt sollten Sie den Wok, damit er nicht rostet und keine Lebensmittel während des Kochens anhaften, imprägnieren. Dafür tränken Sie einfach etwas Küchenpapier mit Öl und reiben damit die gesamte Innenseite des trockenen Woks ein.
- Um die Imprägnierung zu erhalten, dürfen Sie den Wok nach der Verwendung nicht mit Spülmittel auswaschen. Verwenden Sie lediglich heißes Wasser und eine harte Bürste oder einen feinen Spülschwamm, um den Wok gründlich zu reinigen. Wiederholen Sie den Imprägniervorgang nach jeder Reinigung, damit der Wok seine glänzende Oberfläche behält.

RICHTIG GAREN IM WOK

- Alle Zutaten vor dem Garen, falls nötig, putzen und in möglichst gleich große Stücke schneiden, damit die Garzeit nicht zu stark variiert.
- Den Wok erhitzen, dann erst das Öl zugeben und erhitzen, bis es raucht. Dann etwas abkühlen lassen und die Zutaten zugeben.
- Die Zutaten immer bei starker Hitze nur kurz erhitzen.
- Werden Zutaten mit unterschiedlichen Garzeiten verwendet, diejenigen mit der längeren Garzeit zuerst in den Wok geben.
- Die Zutaten während der gesamten Garzeit mit dem Holzschaber oder einem Stäbchen im Wok rühren.
- Die Zutaten nie zu lange garen, damit das Gemüse bißfest ist und seine frische Farbe erhalten bleibt.

GRUNDREZEPTE

Hier finden Sie Rezepte für Brühen und Mischungen, die in vielen orientalischen Gerichten und somit in etlichen Rezepten dieses Buches verwendet werden.

KOKOSNUSSMILCH UND -CREME

400 g Kokosflocken und 1 l Milch in einem Topf verrühren, aufkochen und bei mittlerer Hitze auf 1/3 einkochen, dabei ab und zu umrühren. Durch ein feinmaschiges Sieb laufen lassen, dabei so viel Flüssigkeit wie möglich auffangen. Die Milch in den Kühlschrank stellen. Von der kalten Milch die dickere 'Creme', die sich auf der Oberfläche gebildet hat, abschöpfen. Die restliche Flüssigkeit ist die Kokosnußmilch.
Kokosnußmilch schmeckt besonders gut in Kombination mit Meeresfrüchten. In diesem Buch wird sie für das Garnelencurry (siehe Seite 50) und für Garnelen in Kokosnussoße (siehe Seite 51) verwendet.

KNOBLAUCHMISCHUNG

2 Eßlöffel Knoblauch (durch die Presse gedrückt), 2 Eßlöffel Koriandergrün (gehackt) und 1/2 Teelöffel Pfeffer im Mörser zu einer Paste zerstoßen.
Diese scharfe Mischung paßt zu Fischgerichten, z.B. Meeresfrüchte im Teigmantel (siehe Seite 59).

GRÜNE CURRYPASTE

Stiele und Kerne von 6 getrockneten grünen Chilischoten entfernen. Chilis, 3 Eßlöffel Lauchzwiebeln (gehackt), 1 Eßlöffel Knoblauch (gehackt), 1 Eßlöffel Zitronengras (gehackt), 1 Eßlöffel Garnelenpaste, 1 Teelöffel Laospulver, 1 Teelöffel Kümmelsamen, 2 Teelöffel Koriandersamen, 1 Teelöffel Zitronenschale (fein abgerieben) und 1 Teelöffel Salz im Mixer zu einer Paste verarbeiten. Verschlossen bis zu 3 Wochen kühl lagern. Currypaste ist eine gute Basis für Fischgerichte, wie z.B. für das Garnelencurry (siehe Seite 50).

WAN TAN

1 Wan-Tan-Blätter auf der Arbeitsfläche ausbreiten und je 1 Teelöffel Füllung in die Mitte geben. Die 4 Ecken der Teigblätter über der Mitte so zusammenfassen, daß kleine Päckchen entstehen.

2 Die Wan-Tan-Päckchen mit dicken und etwa 10 cm langen Schnittlauchhalmen sehr vorsichtig zusammenbinden. Dabei darauf achten, daß die Halme nicht reißen.

3 Die Päckchen portionsweise ins heiße Öl gebenund so lange fritieren, bis sie schön knusprig und goldbraun sind. Werden zu viele Päckchen auf einmal ins heiße Fett gegeben, sinkt die Temperatur des Öls und der Teig wird matschig. Die Päckchen mit einem Schaumlöffel herausnehmen.

ROTE CURRYPASTE

6 getrocknete rote Chilischoten entkernen, ca. 10 Minuten in Wasser einweichen. Gut abtropfen lassen und grob hacken. Chilischoten, 2 Eßlöffel Zitronengras (gehackt), 1 Eßlöffel Schalotten (gehackt), 1 Eßlöffel Knoblauch (gehackt), 1 Eßlöffel Koriandergrün (gehackt), 1 Teelöffel Galgant (gehackt), 2 Teelöffel Koriandersamen, 1 Teelöffel Kreuzkümmelsamen, 6 weiße Pfefferkörner, 1 Teelöffel Salz und 1 Teelöffel Garnelenpaste im Mixer zu einer Paste verarbeiten. Verschlossen im Kühlschrank bis zu 3 Wochen lagern. Die Würzigen Fischküchlein (siehe Seite 61) schmecken durch die Zugabe von roter Currypaste besonders lecker.

FRITIERTE ZWIEBELRINGE

300 ml Öl im Wok oder in der Friteuse erhitzen, dabei soll sich kein Rauch entwickeln. 1 große Zwiebel (fein gehackt) darin 3–4 Minuten fritieren. Mit dem Schaumlöffel herausnehmen, auf Küchenpapier abtropfen lassen. Heiß oder lauwarm servieren.
Die fritierten Zwiebelringe eignen sich gut als Beilage, z. B. zu Nasi Goreng (siehe Seite 94).

WAN TAN

Die hauchdünnen Wan-Tan-Blätter werden aus Weizenmehl, Ei und Wasser hergestellt, Sie bekommen die tiefgefrorenen Blätter im Asienladen. In der chinesischen Küche ißt man sie entweder fritiert mit einem pikanten Dip oder mit einer leckeren Füllung gedämpft oder in Wasser gegart. Die Schritt-für-Schritt Anleitung oben zeigt, wie einfach die Zubereitung solch köstlicher Vorspeisen wie der Fritierten Wan-Tan-Päckchen auf Seite 41 ist. Andere Füllungen, die mit Wan-Tan-Teig verwendet werden können, sind in den Rezepten für Fritierte Wan Tan (siehe Seite 37) und Krebsfleisch-Röllchen (siehe Seite 57) beschrieben.

FRÜHLINGSROLLEN

Frühlingsrollen zählen zu den beliebtesten chinesischen Vorspeisen. Im Grunde genommen sind sie nichts anderes als Pfannkuchen mit einer köstlichen Füllung, die meist Sojabohnensprossen enthält.

SPEZIELLE GARNITUREN

Raffinierte Garnituren aus frischen Kräutern, Nüssen, Samen und Gemüse geben den Gerichten ihren letzten Schliff. Zur Erweiterung Ihrer fernöst-

FRÜHLINGSROLLEN

1 Die gebackenen Pfannkuchen sofort auf eine Arbeitsfläche legen und 2-3 Eßlöffel Füllung jeweils in die Mitte geben.

2 Bei jedem Pfannkuchen die Seiten über die Füllung schlagen, dann aufrollen. Die Ränder, vor allem die Enden der Rollen, mit einer Wasser-Mehl-Paste schließen (1 Eßlöffel Weizenmehl (Type 405) und 1 Eßlöffel Wasser mischen). Dadurch wird verhindert, daß die Füllung beim Fritieren herausquillt.

3 Öl im Wok stark erhitzen (180-190 Grad). Je 2 Frühlingsrollen darin goldbraun fritieren. Auf Küchenpapier abtropfen lassen und heiß servieren.

lichen Kochkünste sollten Sie diese typisch orientalischen Garnituren unbedingt ausprobieren.

ROTE CHILIBLUMEN

Mit einem scharfen, spitzen Messer die Chilischoten der Länge nach von oben nach unten in 4 Teile schneiden. Dabei den Stielansatz nicht durchschneiden. Mit der Messerspitze die Kerne aus der Schote kratzen. Die Chilis in eine Schüssel mit Eiswasser geben und im Kühlschrank mindestens 30 Minuten kalt stellen, bis sich die Schoten wie eine Blume öffnen. Vor der Verwendung gut abtropfen lassen.

GURKEN- ODER ZITRONEN-SCHEIBEN

Fein geschnittene Gurken- oder Zitronenscheiben, ob glatt oder gelockt, eignen sich hervorragend als Garnitur. Mit einem Kartoffelschäler von einer Gurke oder Zitrone in regelmäßigen Abständen Schalenstreifen abschneiden, dann die Früchte in dünne Scheiben schneiden. Kerne aus den Zitronenscheiben entfernen. Für Locken die Scheiben von außen nach innen einschneiden und die eingeschnittenen Teile gegeneinander drehen.

RADIESCHEN-RÖSCHEN

Den Stielansatz der Radieschen entfernen. Das Radieschen von oben nach unten so einschneiden, daß blütenblattähnliche Formen entstehen. Dabei den Boden der Radieschen nicht durchschneiden. Über und zwischen der ersten Blütenblatt-Reihe eine weitere Reihe bilden. So viele Reihen übereinander einschneiden, bis das obere Ende des Radieschens erreicht ist. Radieschen-Rose für einige Stunden zum Öffnen in Eiswasser legen.

LAUCHZWIEBEL-QUASTE

Mit einem kleinen, scharfen Messer die Lauchzwiebel-Wurzel entfernen. Den Stengel auf ca. 7½ cm zurechtschneiden. Der Länge nach mehrmals bis zu 4 cm vor dem unteren Ende einschneiden. Zum Öffnen ca. 1 Stunde in Eiswasser legen.

TOMATEN-ROSE

Die Schale einer festen Tomate mit einem scharfen Messer in einem Streifen (ca. 1 cm breit) dick abschälen. Streifen mit der Fruchtfleisch-Seite nach innen vom Ende aus aufrollen, so daß zuerst eine Knospe und dann eine Rose entsteht.

HÄHNCHEN & ENTE

HÄHNCHEN MIT KURKUMA

50 g Macadamia-Nüsse (grob gehackt)
1 Knoblauchzehe (grob gehackt)
3 Eßlöffel Öl
1 Zwiebel (fein gehackt)
8 Hähnchenkeulen (ohne Knochen und Haut, in große Stücke geschnitten)
1 Eßlöffel Kurkuma (Gelbwurz)
1 Teelöffel Zitronengraspulver
Salz und Pfeffer
300 ml Kokosnußmilch (siehe Seite 7)
abgeriebene Schale und Saft von 1 Zitrone
Petersilienzweige, zum Garnieren

1 Die Hälfte der Nüsse und den Knoblauch im Mörser oder im Mixer zu einer Paste verarbeiten. Öl bei mittlerer Hitze im Wok erhitzen. Zwiebel und Nuß-Knoblauch-Paste 2–3 Minuten darin braten, bis die Zwiebel glasig ist.
2 Hähnchenstücke zugeben, Fleisch 1–2 Minuten bei starker Hitze von allen Seiten anbraten. Kurkuma und Zitronengraspulver untermischen. Mit Salz und Pfeffer würzen. Kokosnußmilch zugießen und unter ständigem Rühren aufkochen.
3 Hitze reduzieren, Zitronenschale und -saft zugeben. Unter ständigem Rühren ca. 10 Minuten köcheln lassen, bis das Fleisch gar und die Soße etwas eingekocht ist. Abschmecken. Mit den restlichen Nüssen und den Petersilienzweigen garnieren. Heiß servieren.

3-4 PORTIONEN
Vorbereitungszeit: ca. 20 Minuten
Garzeit: ca. 15 Minuten

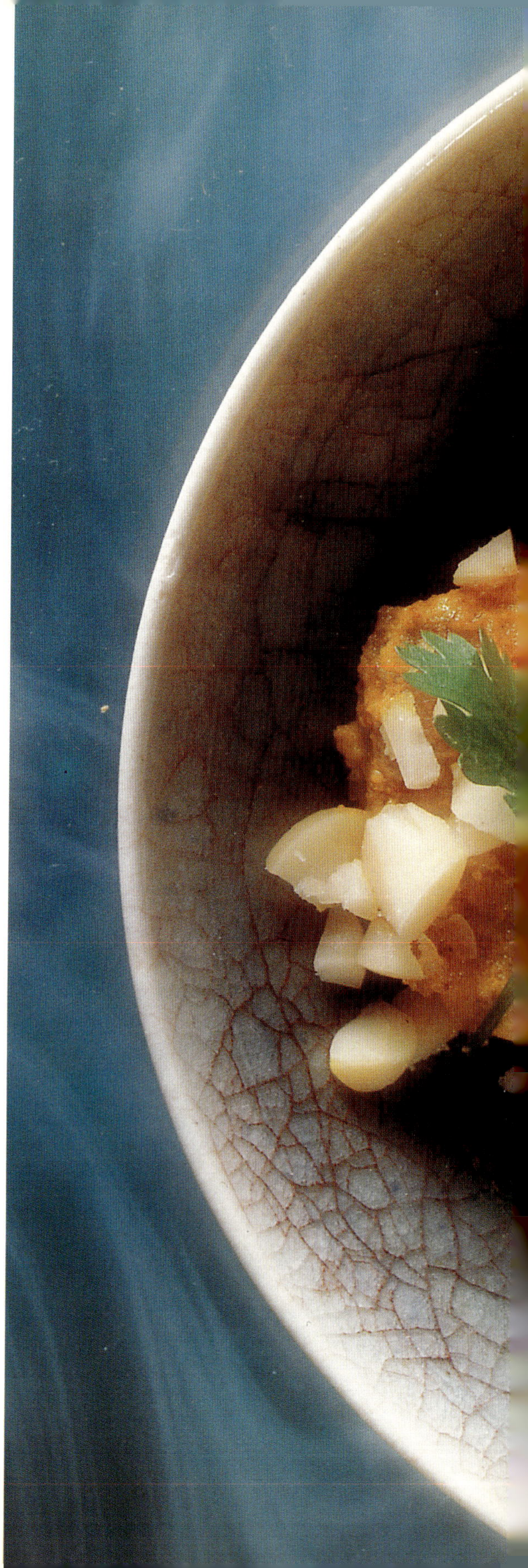

HÄHNCHEN MIT NÜSSEN

- 350 g Hähnchenbrustfilet (gewürfelt)
- ½ Teelöffel Salz
- 1 Eiweiß
- 1½ Eßlöffel Speisestärke
- 4 Eßlöffel Öl
- 2 Lauchzwiebeln (in 1 cm lange Stücke geschnitten)
- 2 cm frische Ingwerwurzel (geschält und gehackt)
- 3-4 getrocknete, rote Chilischoten (entkernt und zerrieben)
- 50 g Walnußkerne (grob gehackt)
- 1 Eßlöffel scharfe Bohnenpaste (gelb oder schwarz)
- 1 grüne Paprikaschote (geputzt und gewürfelt)
- 1 Teelöffel Zucker
- 2 Eßlöffel trockener Sherry

1 Hähnchenbrustwürfel und Salz in eine Schüssel geben. Das Eiweiß und 1 Eßlöffel Speisestärke mit den Fingern gründlich untermischen.

2 Öl im Wok erhitzen. Das Fleisch darin kräftig anbraten. Aus dem Wok nehmen und beiseite stellen.

3 Lauchzwiebeln, Ingwer, Chilischoten und Nüsse in das heiße Öl geben. Bohnenpaste untermischen. Mehrmals umrühren und die Paprika zugeben. Die Fleischwürfel wieder in den Wok geben und gut vermischen. Zucker und Sherry zufügen und alles unter Rühren ca. 1 Minute weiterbraten.

4 Die restliche Speisestärke mit 1 Eßlöffel Wasser anrühren, zur Soße gießen und unter Rühren aufkochen lassen, bis die Soße andickt. Auf einem vorgewärmten Servierteller anrichten und sofort servieren.

3-4 PORTIONEN

Vorbereitungszeit: ca. 15 Minuten

Garzeit: ca. 5 Minuten

HÄHNCHEN MIT GEMÜSE

- 300 g Hähnchenbrustfilet (in Streifen geschnitten)
- ½ Teelöffel Salz
- 1 Eiweiß
- 1 Eßlöffel Speisestärke
- 4 Eßlöffel Öl
- 4 cm frische Ingwerwurzel (geschält und in dünne Streifen geschnitten)
- 2 Lauchzwiebeln (in Streifen geschnitten)
- 1 kleine Stange Staudensellerie (in Streifen geschnitten)
- 1 grüne Paprikaschote (geputzt und in dünne Streifen geschnitten)
- 2 Eßlöffel Sojasoße
- 1 Eßlöffel trockener Sherry

1 Fleisch in eine Schüssel geben. Salz, Eiweiß und Speisestärke zufügen. Gut durchmischen.

2 Öl im Wok erhitzen und die Hähnchenstreifen darin bei mittlerer Hitze anbraten. Wenn das Fleisch von allen Seiten leicht gebräunt ist, herausnehmen und beiseite stellen.

3 Ingwer, Lauchzwiebeln, Sellerie und Paprika in das sehr heiße Öl geben. Bei starker Hitze ca. 30 Sekunden braten.

4 Fleisch wieder in den Wok geben. Sojasoße und Sherry zugießen. Gut mischen und weitere 1–2 Minuten unter ständigem Rühren kochen. Auf einem vorgewärmten Servierteller anrichten und sofort servieren.

3-4 PORTIONEN

Vorbereitungszeit: ca. 15 Minuten

Garzeit: 7–8 Minuten

HÄHNCHENCURRY

- 300 ml Kokosnußmilch (siehe Seite 7)
- 4 große Hähnchenbrustfilets (gewürfelt)
- 1 Aubergine (blanchiert, gehäutet und gewürfelt)
- 2½ cm frische Ingwerwurzel (geschält und gehackt)
- 2–3 Limettenblätter (klein gezupft)

CURRYPASTE:

- ½ Teelöffel Koriandersamen (geröstet)
- 1 Stengel Zitronengras (fein gehackt)
- abgeriebene Schale von 1 Limette
- 2 frische, grüne Chilischoten (entkernt und gehackt)
- 1 Teelöffel Kreuzkümmelsamen
- 1 Teelöffel Krabbensoße
- 3 Knoblauchzehen (durch die Presse gedrückt)
- 1 kleine Zwiebel (fein gehackt)

ZUM SERVIEREN:

- Basilikumblätter (möglichst thailändische)
- 1 grüne Chilischote (entkernt und in Streifen geschnitten)

1 Kokosnußmilch in den Wok gießen und unter ständigem Rühren langsam erhitzen. Fleisch zugeben und ca. 10 Minuten darin bei schwacher Hitze garen. Hähnchenstücke herausnehmen und warm stellen. Kokosnußmilch beiseite stellen.

2 Für die Currypaste alle Zutaten im Mörser oder im Mixer zu einer geschmeidigen Paste verarbeiten.

3 Currypaste in die Kokosnußmilch rühren und bei schwacher Hitze unter ständigem Rühren erhitzen. So lange weiterrühren, bis eine cremige Soße entsteht.

4 Fleisch, Aubergine, Ingwer und Limettenblätter zugeben und alles bei schwacher Hitze ein paar Minuten köcheln lassen. Curry mit Basilikumblättern und Chilischotenstreifen garnieren. Mit Nudeln oder Reis servieren.

4 PORTIONEN

Vorbereitungszeit: ca. 10 Minuten
Garzeit: ca. 20 Minuten

HÄHNCHEN MIT INGWER UND HONIG

- 5 Lauchzwiebeln (in 1 cm lange Stücke geschnitten)
- 50 g frische Ingwerwurzel (geschält und fein gehackt)
- 2 Eßlöffel Öl
- 3 Hähnchenbrustfilets (fein geschnitten)
- 3 Hähnchenlebern (gehackt)
- 4 getrocknete, chinesische Pilze (20 Minuten in warmem Wasser eingeweicht)
- 1 Zwiebel (gewürfel)
- 3 Knoblauchzehen (durch die Presse gedrückt)
- 2 Eßlöffel Sojasoße
- 1 Eßlöffel Honig

1 Lauchzwiebeln in eine Schüssel mit kaltem Wasser geben und so lange darin liegen lassen, bis sie verarbeitet werden. Ingwer mit etwas kaltem Wasser mischen, abtropfen lassen und ausdrücken. Dadurch wird er milder.
2 Öl bei mittlerer Hitze im Wok erhitzen. Fleisch und Hähnchenlebern darin ca. 5 Minuten braten, herausnehmen und beiseite stellen.
3 Pilze abtropfen lassen und gut ausdrücken. Stiele, falls nötig, entfernen. Zwiebel im verbliebenen Bratöl bei schwacher Hitze glasig dünsten. Knoblauch und Pilze zugeben und alles ca. 1 Minute weiterbraten. Hähnchen und Lebern wieder in den Wok geben.
4 Sojasoße und Honig cremig verrühren. Über das Fleisch gießen und gut durchrühren. Abgetropften Ingwer zugeben und 2–3 Minuten mitbraten.

5 Lauchzwiebeln aus dem Wasser nehmen, abtropfen lassen und ebenfalls untermischen. Auf einem Servierteller anrichten. Dieses Gericht schmeckt noch besser, wenn es am Vortag zubereitet und später aufgewärmt wird.

4 PORTIONEN
Vorbereitungszeit: ca. 15 Minuten
Garzeit: ca. 15 Minuten

ZITRONEN-HÄHNCHEN

Dieses klassische Gericht stammt aus Hong Kong und ist sehr einfach zuzubereiten. Es müssen nicht unbedingt Lauchzwiebeln verwendet werden, sie verleihen dem Ganzen aber etwas Biß. Sie können stattdessen auch eine grüne Paprikaschote nehmen oder das Gemüse weglassen.

- 1 Eiweiß
- 2 Teelöffel Speisestärke
- 1 Prise Salz
- 250 g Hähnchenbrustfilet (in dünne Streifen geschnitten)
- 300 ml Öl
- ½ Bund Lauchzwiebeln (in dünne Streifen geschnitten)
- 1 Knoblauchzehe (durch die Presse gedrückt)
- Zitronenachtel, zum Garnieren

SOSSE:

- 2 Teelöffel Speisestärke
- kalte Hühnerbrühe oder Wasser
- fein abgeriebene Schale von ½ Zitrone
- 2 Eßlöffel Zitronensaft
- 1 Eßlöffel Sojasoße
- 2 Teelöffel Reiswein oder trockener Sherry
- 2 Teelöffel Zucker

1 Für die Soße Speisestärke mit Brühe oder Wasser anrühren. Restliche Soßenzutaten untermischen. Beiseite stellen.
2 Eiweiß mit Speisestärke und Salz verschlagen. Hähnchen zugeben, darin wenden. Beiseite stellen.
3 Öl im Wok stark erhitzen. Es darf jedoch nicht rauchen! Hähnchen mit einer Gabel aus der Eiweiß-Mischung nehmen und in das heiße Öl geben. In Portionen in 3–4 Minuten fritieren. Herausnehmen, auf Küchenpapier abtropfen lassen und warm stellen.
4 Das Öl aus dem Wok bis auf 1 Eßlöffel entfernen. Lauchzwiebeln und Knoblauch im verbliebenen Öl kurz anbraten. Soße umrühren, in den Wok gießen. Unter Rühren bei starker Hitze aufkochen. Fleisch wieder in den Wok geben, 1–2 Minuten ziehen lassen. Mit Zitronenachtel garnieren, servieren.

2 PORTIONEN
Vorbereitungszeit: ca. 20 Minuten
Garzeit: ca. 25 Minuten

PAPRIKAHUHN NACH SZECHUAN-ART

Gerichte aus Szechuan sind häufig scharf und würzig. In diesem Rezept wird eine fertige Chilisoße aus der Flasche verwendet, um die Schärfe zu erzeugen. Sie können nach Belieben auch mehr nehmen, je nach Schärfe der Fertigsoße.

- 2 Eßlöffel scharfe Chilisoße
- 1 Eßlöffel Sojasoße
- 2 Eßlöffel Öl
- 2–4 Lauchzwiebeln (in kleine schräge Stücke geschnitten)
- 5 cm frische Ingwerwurzel (geschält und fein gehackt)
- 1 Knoblauchzehe (durch die Presse gedrückt)
- 350 g Hähnchenbrustfilets (in dünne Streifen geschnitten)

1 4 Eßlöffel Wasser mit Chilisoße und Sojasoße in einem Krug oder einer Schüssel mischen. Beiseite stellen.

2 Öl bei mittlerer Hitze im Wok erhitzen. Lauchzwiebeln, Ingwer und Knoblauch darin ca. 30 Sekunden anbraten. Hähnchenstreifen bei starker Hitze 3–4 Minuten mitbraten.

3 Chilisoßen-Mischung zugießen und alles gut verrühren. Mit Lauchzwiebeln nach Wunsch garnieren und sehr heiß servieren.

3–4 PORTIONEN

Vorbereitungszeit: ca. 20 Minuten

Garzeit: ca. 10 Minuten

FÜNF-GEWÜRZ-HÄHNCHEN

Fünf-Gewürz-Pulver bekommen Sie im Asienladen oder in den Spezialitätenecken der Supermärkte. Es besteht meist aus einer Mischung von Sternanis, Zimt, Nelken, Fenchelsamen und Szechuanpfeffer, je nach Region variiert die Gewürzkombination.

- 3 Eßlöffel Öl
- 350 g Hähnchenbrustfilets (in dünne Streifen geschnitten)
- 1 Zwiebel (dünn geschnitten)
- 3 Möhren (in dünne Streifen geschnitten)
- 150 g kleine Blumenkohlröschen
- 1½ Teelöffel Fünf-Gewürz-Pulver
- 75 ml Hühnerbrühe oder Wasser
- 2 Eßlöffel Sojasoße
- 250 g Wasserkastanien (aus der Dose, abgetropft und in Stücke geschnitten)
- Pfeffer

1 Öl bei mittlerer Hitze im Wok erhitzen. Hähnchenstreifen darin 3–4 Minuten anbraten, bis sie von allen Seiten leicht gebräunt sind. Wok von der Kochstelle nehmen, Fleisch mit dem Bratsaft auf einen Teller geben. Beiseite stellen.

2 Zwiebel, Möhren und Blumenkohl in den Wok geben, mit Gewürzpulver bestreuen und 3–4 Minuten braten. Das Gemüse sollte noch bißfest sein und keine Farbe angenommen haben. Hühnerbrühe oder Wasser und Sojasoße zugießen. Unter ständigem Rühren aufkochen.

3 Fleisch und Bratsaft mit den Wasserkastanien in den Wok geben. Unter ständigem Rühren 1–2 Minuten erhitzen. Mit Pfeffer abschmecken und sofort servieren.

3–4 PORTIONEN

Vorbereitungszeit: ca. 15 Minuten
Garzeit: ca. 15 Minuten

SESAM-HÄHNCHEN

- 500 g Hähnchenbrustfilet (in 2½ cm große Würfel geschnitten)
- 1½ Teelöffel Speisestärke
- 4 Eßlöffel Öl
- 1 grüne Paprikaschote (geputzt und in 2½ cm große Stücke geschnitten)
- 2½ Eßlöffel Sojasoße
- 2½ Eßlöffel Sesammus (Tahin)
- 1 Eßlöffel Sesamöl
- 1 Eßlöffel Brühe oder Wasser
- 1 Teelöffel Chilisoße
- 1 Eßlöffel trockener Sherry
- Sesamsamen, zum Bestreuen

1 Die Hähnchenbrustwürfel in eine Schüssel füllen und mit der Speisestärke bestreuen. Gut mit den Fingern einmassieren. Öl im Wok erhitzen und die Hähnchenwürfel darin bei starker Hitze 1 knappe Minute anbraten. Aus dem Wok nehmen und beiseite stellen.

2 Paprika im heißen Öl ca. 1 Minute bei mittlerer Hitze anbraten. 1 Eßlöffel Sojasoße zugeben, Paprika aus dem Wok nehmen und beiseite stellen.

3 Restliche Sojasoße, Sesammus, Sesamöl, Brühe oder Wasser, Chilisoße und Sherry zugeben. Alles gut mischen und ca. 1 Minute bei mittlerer Hitze kochen.

4 Das Hähnchenbrustfilet wieder in den Wok zur Soße geben und unter ständigem Rühren ca. 1 Minute bei starker Hitze kochen. Die Paprikastücke zugeben und ca. 30 Sekunden mitgaren, das Gemüse soll noch Biß haben. Auf einer Platte anrichten, mit Sesamsamen bestreuen und sofort servieren.

4 PORTIONEN
Vorbereitungszeit: ca. 10 Minuten
Garzeit: 7–8 Minuten

FRITIERTES HÄHNCHEN

- 2–3 Lauchzwiebeln (fein gehackt)
- 2 cm frische Ingwerwurzel (geschält und fein gehackt)
- 2 Eßlöffel trockener Sherry
- 1 Eßlöffel Zucker
- 3 Eßlöffel Sojasoße
- 1 Hähnchen (ca. 1,2 kg, in 8 Teile zerlegt)
- 3 Eßlöffel Speisestärke
- 4 Eßlöffel Öl
- 1 Teelöffel geröstetes Sesamöl
- Schnittlauchröllchen, zum Garnieren

1 Lauchzwiebeln, Ingwer, 1 Eßlöffel Sherry, 1 Teelöffel Zucker und 1 Eßlöffel Sojasoße in einer großen Schüssel mischen. Hähnchenstücke in die Marinade legen, gut damit bedecken und ca. 5 Minuten marinieren lassen.

2 Fleischstücke aus der Marinade nehmen, abtropfen lassen und einzeln in Speisestärke wenden. Die Marinade beiseite stellen.

3 Das Öl im Wok erhitzen und die Hähnchenstücke darin bei mittlerer Hitze in ca. 15 Minuten goldbraun braten. Öl abgießen. Den restlichen Sherry, Zucker, die restliche Sojasoße und Marinade zugeben. Unter ständigem Rühren aufkochen. Das Sesamöl untermischen. Mit Schnittlauchröllchen garnieren und sofort servieren.

4 PORTIONEN

Vorbereitungszeit: ca. 20 Minuten
Garzeit: ca. 20 Minuten

KALTES HÄHNCHEN MIT GEMÜSE

- 500 g Hähnchenbrustfilet
- 6 Eßlöffel Sojasoße
- 2 Eßlöffel Sesamöl
- 2½ cm frische Ingwerwurzel (geschält und fein gehackt)
- 2 Eßlöffel Sesamsamen
- 4 Eßlöffel Öl
- 4 Möhren (in dünne Streifen geschnitten)
- 1 grüne oder rote Chilischote (entkernt und gehackt)
- 150 g frische Sojasprossen
- ½ Salatgurke (in dünne Streifen geschnitten)
- 3 Eßlöffel Reiswein oder trockener Sherry
- 2 Eßlöffel flüssiger Honig
- 150 ml Hühnerbrühe
- glatte Petersilie, zum Garnieren

1 Hähnchenbrustfilets mit den Handballen vorsichtig flach drücken. Dann in dünne Streifen schneiden und auf einen flachen Teller legen. 2 Eßlöffel Sojasoße, Sesamöl und Ingwer verrühren und über das Fleisch gießen. Das Fleisch wenden und zugedeckt ca. 20 Minuten marinieren, zwischendurch ab und zu wenden.

2 Inzwischen den Wok erhitzen. Sesamsamen darin bei schwacher Hitze 1–2 Minuten unter ständigem Rühren rösten. Wok von der Kochstelle nehmen. Sesam auf einen Teller geben und beiseite stellen.

3 2 Eßlöffel Öl bei mittlerer Hitze im Wok erhitzen. Möhren und Chili darin 2–3 Minuten anbraten. In eine Schüssel füllen. Dann Sojasprossen im Wok ca. 1 Minute braten. Mit den Gurkenstreifen ebenfalls in die Schüssel geben. Alles gut mischen.

4 Das restliche Öl im Wok erhitzen. Hähnchenfleisch darin 4–5 Minuten kräftig anbraten und in eine zweite Schüssel füllen.

5 Restliche Sojasoße, Reiswein oder Sherry, Honig und Brühe in den Wok geben. Unter ständigem Rühren aufkochen und ein paar Minuten etwas einkochen lassen. Eine Hälfte von der Soße über das Gemüse, die andere über das Fleisch gießen. Mischen, Schüsseln abdecken und alles abkühlen lassen, dabei ab und zu umrühren.

6 Hähnchenstreifen und Gemüse mit der Soße auf Tellern anrichten und mit dem gerösteten Sesam bestreuen. Mit Petersilie garnieren und servieren.

4 PORTIONEN

Vorbereitungszeit: ca. 30 Minuten, plus Kühlzeit

Garzeit: ca. 15 Minuten

ENTE MIT PFLAUMEN

- 2 Eßlöffel Öl
- 600 g Entenbrustfilet (in dünne Streifen geschnitten)
- 250 g Pflaumen (entsteint, in Streifen)
- fein abgeriebene Schale und Saft von 1 großen unbehandelten Orange
- 2 Eßlöffel roter Portwein
- 2 Eßlöffel Rotweinessig
- 2 Teelöffel brauner Zucker
- 1/4 Teelöffel gemahlener Zimt
- Salz und Pfeffer
- Thymianzweige, zum Garnieren

1 Öl im Wok erhitzen. Entenbruststreifen darin bei starker Hitze 3–4 Minuten braten, bis sie rundum leicht gebräunt sind. Wok von der Kochstelle nehmen. Fleisch und Bratsaft auf einen Teller geben, beiseite stellen.
2 Wok wieder erhitzen. Pflaumen, Orangenschale und -saft, Portwein, Weinessig, Zucker und Zimt zugeben. Mit Salz und Pfeffer würzen. Pflaumen 5 Minuten kochen. Fleisch und Bratsaft zugeben, bei starker Hitze mitkochen.
3 1–2 Minuten rühren, bis alle Zutaten gut gemischt und sehr heiß sind. Abschmecken. Mit Thymianzweigen garnieren und sofort servieren.

4 PORTIONEN
Vorbereitungszeit: ca. 15 Minuten
Garzeit: ca. 15 Minuten

VARIATION
ENTE MIT KIRSCHEN

Pflaumen, Orange, Portwein, Weinessig, Zucker und Zimt durch 500 g Sauerkirschen (aus dem Glas) ersetzen. 1 Eßlöffel Pfeilwurzmehl mit 4 Eßlöffeln Wasser anrühren. Entenbrust wie oben beschrieben zubereiten. 1 gewürfelte Zwiebel und 2 Teelöffel geriebenen Ingwer ca. 2 Minuten braten. Kirschen abtropfen lassen, 4 Eßlöffel Saft auffangen. Mit abgeriebener Schale und Saft von 1/2 Zitrone in den Wok geben. Aufkochen, abschmecken. Mit Stärke binden. Fleisch und Kirschen zugeben, 1–2 Minuten mitkochen.

ENTE IN ORANGENSOSSE

Statt der Entenbrustfilets können Sie auch das abgelöste Fleisch von einer Ente nehmen.

- 2 Eßlöffel Öl
- 600 g Entenbrustfilet (in dünne Streifen geschnitten)
- Samen von 6 Kardamomkapseln (zerstoßen)
- Pfeffer
- gekochter oder gedämpfter Reis, zum Servieren
- Orangenfilets, zum Garnieren

SOSSE:

- 1 Eßlöffel Speisestärke
- Saft von 1 großen Orange
- 1 Eßlöffel Reiswein oder trockener Sherry
- 1 Eßlöffel Sojasoße
- 1 Teelöffel brauner Zucker
- 1 Teelöffel Fünf-Gewürz-Pulver

1 Für die Soße die Speisestärke mit ca. 4 Eßlöffeln Wasser in einer Schüsssel anrühren. Orangensaft, Reiswein oder Sherry, Sojasoße, Zucker und Fünf-Gewürz-Pulver unterrühren. Beiseite stellen.

2 Das Öl bei mittlerer Hitze im Wok erhitzen. Entenbruststreifen und die Kardamomsamen darin bei starker Hitze 3–4 Minuten anbraten, bis das Fleisch rundherum leicht gebräunt ist.

3 Soße nochmals umrühren, in den Wok gießen und unter ständigem Rühren aufkochen. Zirka 2 Minuten weiterkochen, bis das Fleisch gar ist. Die Soße mit Pfeffer abschmecken und mit Orangenfilets garnieren. Die Ente in Orangensoße sofort auf duftendem asiatischen Reis servieren.

4 PORTIONEN

Vorbereitungszeit: ca. 10 Minuten

Garzeit: ca. 15 Minuten

FLEISCH-GERICHTE

RINDERFILET MIT PAPRIKA

500 g Rinderfilet (in Streifen geschnitten)
2 Teelöffel Sojasoße
2 Eßlöffel Sesamöl
2 1/2 cm frische Ingwerwurzel (geschält und in Streifen geschnitten)
2 Teelöffel Essig
1 Teelöffel Salz
1 Teelöffel Speisestärke
1 Knoblauchzehe (durch die Presse gedrückt)
1 Prise Fünf-Gewürz-Pulver
je 1 rote und grüne Paprikaschote (geputzt und gewürfelt)

Zum Garnieren:

1 rote Chilischote (entkernt und in Streifen geschnitten), nach Wunsch

1 Rinderfiletstreifen in eine Schüssel geben. Sojasoße, 1 Teelöffel Sesamöl, Ingwer, Essig, 1 Eßlöffel Wasser, Salz und Speisestärke verrühren und über das Fleisch gießen. Gut durchmischen. Zugedeckt im Kühlschrank mindestens 20 Minuten marinieren.
2 Restliches Sesamöl im Wok erhitzen. Knoblauch und Fünf-Gewürz-Pulver zugeben und ca. 30 Sekunden braten. Rinderfilet aus der Marinade nehmen, abtropfen lassen, in den Wok geben und so lange mitbraten, bis es außen braun und innen noch rosa ist. Mit dem Schaumlöffel herausnehmen und beiseite stellen.
3 Grüne und rote Paprika im verbliebenen Öl im Wok und unter ständigem Rühren 2–3 Minuten anbraten.
4 Fleisch und Marinade zum Gemüse geben, unter Rühren ca. 1 Minute erhitzen. Auf einem Servierteller anrichten, mit Chilistreifen nach Wunsch garnieren und servieren.

4 PORTIONEN
Vorbereitungszeit: ca. 30 Minuten
Garzeit: ca. 5 Minuten

RINDFLEISCH MIT ANANAS

- 500 g Rinderfilet oder Rumpsteak (in dünne Streifen geschnitten)
- 2 Teelöffel Speisestärke
- 4 Eßlöffel kalte Rinderbrühe oder Wasser
- 2 Eßlöffel Reiswein oder trockener Sherry
- 2 Teelöffel brauner Zucker
- 3 Eßlöffel Öl
- 3 Stangen Staudensellerie (in kleine schräge Stücke geschnitten)
- 4 Scheiben frische Ananas (gewürfelt)
- Salz und Pfeffer

MARINADE:

- 2½ cm frische Ingwerwurzel (fein gehackt)
- 2 Eßlöffel Öl
- 2 Eßlöffel Sojasoße
- 1 Eßlöffel Rotweinessig
- ¼ Teelöffel Fünf-Gewürz-Pulver

1 Für die Marinade alle Zutaten in einer Schüssel verrühren. Fleisch zugeben. Zugedeckt 30 Minuten marinieren, Fleisch dabei ab und zu wenden.

2 Speisestärke und Brühe oder Wasser anrühren. Dann mit Reiswein oder Sherry und Zucker vermischen. Beiseite stellen.

3 2 Eßlöffel Öl im Wok erhitzen. Rindfleisch darin mit der Marinade bei starker Hitze 3–4 Minuten anbraten. Fleisch mit dem Bratsaft in eine Schüssel füllen und beiseite stellen.

4 Restliches Öl bei mittlerer Hitze im Wok erhitzen. Sellerie darin 2–3 Minuten anbraten. Angerührte Speisestärke nochmals umrühren, unter den Sellerie rühren. Rindfleisch mit Flüssigkeit wieder in den Wok geben und bei starker Hitze vermischen. Ananas zugeben und kurz miterhitzen. Nach Wunsch würzen und servieren.

4 PORTIONEN

Vorbereitungszeit: ca. 35 Minuten

Garzeit: ca. 10 Minuten

RINDFLEISCH MIT SZECHUAN-PFEFFER

Szechuan-Pfeffer bekommen Sie in den Spezialitätenecken gut sortierter Supermärkte. Dieser Pfeffer schmeckt sehr aromatisch und milder als schwarzer oder weißer Pfeffer. Wie der Name schon sagt, wird dieser Pfeffer vor allem in der chinesischen Region Szechuan verwendet, die für ihre scharfe und gut gewürzte Küche bekannt ist. Probieren Sie das folgende typische Rezept aus!

- 1 Eßlöffel Szechuan-Pfeffer (ganze Körner)
- 3 Eßlöffel Öl
- 500 g Rinderfilet oder Rumpsteak (in dünne Streifen geschnitten)
- 1 große rote Paprikaschote (geputzt und der Länge nach in Streifen geschnitten)
- 2 rote Chilischoten (entkernt und fein gehackt)
- 2 1/2 cm frische Ingwerwurzel (geschält und in dünne Streifen geschnitten)
- 2 Knoblauchzehen (durch die Presse gedrückt)

SOSSE:

- 2 Teelöffel Speisestärke
- 3 Eßlöffel Sojasoße
- 2 Teelöffel brauner Zucker

1 Für die Soße Speisestärke in 4 Eßlöffeln Wasser anrühren. Sojasoße und Zucker untermischen. Beiseite stellen.
2 Wok erhitzen. Pfefferkörner darin 1–2 Minuten bei schwacher Hitze anbraten. Herausnehmen und mit dem Mörser zerstoßen. Beiseite stellen.
3 Bei mittlerer Hitze die Hälfte des Öls erhitzen. Rindfleischstreifen und die zerstoßenen Pfefferkörner darin bei starker Hitze 3–4 Minuten braten, bis das Fleisch von allen Seiten gebräunt ist. Fleisch mit Bratsaft in eine Schüssel geben und beiseite stellen.
4 Das restliche Öl bei mittlerer Hitze erhitzen. Paprika, Chillies, Ingwer und Knoblauch unter ständigem Rühren 2–3 Minuten darin anbraten, bis das Gemüse gar ist, aber noch Biß hat.
5 Fleisch und Bratsaft zum Gemüse geben. Soße nochmals verrühren, dann über das Fleisch und Gemüse gießen. Bei starker Hitze unter Rühren einmal aufkochen, wenn das Fleisch wieder heiß ist, sofort servieren.

4 PORTIONEN
Vorbereitungszeit: ca. 15 Minuten
Garzeit: ca. 12 Minuten

RINDFLEISCH MIT CASHEWKERNEN

- 500 g Rinderfilet (in dünne Streifen geschnitten)
- 2 Eßlöffel Sojasoße
- 1 Eßlöffel trockener Sherry
- 3 Eßlöffel Sesamöl
- 2 Teelöffel Speisestärke
- 3 cm frische Ingwerwurzel (geschält, fein gehackt)
- Salz und Pfeffer
- 2 Knoblauchzehen (durch die Presse gedrückt)
- 125 g Cashewkerne (ungesalzen, geröstet)
- 3 Stangen Staudensellerie (in Stücken)

1 Rinderfilet, Sojasoße, Sherry, 2 Eßlöffel Sesamöl, 3 Eßlöffel Wasser, Speisestärke und Ingwer in einer Schüssel vermischen. Mit etwas Salz und Pfeffer würzen. Zugedeckt im Kühlschrank mindestens 20 Minuten marinieren.

2 Restliches Öl im Wok erhitzen. Filetstreifen aus der Marinade nehmen und im heißen Öl ca. 2 Minuten anbraten. Fleisch mit dem Schaumlöffel herausnehmen und beiseite stellen. Marinade aufbewahren.

3 Knoblauch, Nüsse sowie Sellerie in den Wok geben und bei mittlerer Hitze 2–3 Minuten unter ständigem Rühren anbraten.

4 Fleisch mit der Marinade in den Wok zurückgeben und gut mischen. Bei starker Hitze so lange unter ständigem Rühren kochen, bis eine cremige Soße entsteht. Auf einem Servierteller anrichten und servieren.

4 PORTIONEN
Vorbereitungszeit: ca. 30 Minuten
Garzeit: ca. 8 Minuten

VARIATION

SCHWEINEFLEISCH MIT CASHEWKERNEN

Das Rinderfilet durch Schweinefilet ersetzen. Ansonsten wie oben beschrieben zubereiten.

SCHWEINE-FLEISCH MIT CHILISOSSE

Dieses Rezept läßt sich einfach und schnell zubereiten, denn zum Würzen wird hauptsächlich fertige Chilisoße verwendet. Wenn Sie zum ersten Mal mit Chilisoße kochen, sollten Sie vorsichtig sein: Manche Sorten sind feurig scharf, während andere eher mild und manchmal sogar süßlich schmecken. Tomatenketchup wird häufig in der westlich beeinflußten Küche Singapurs verwendet – lassen Sie sich also von dieser Zutat hier nicht irritieren.

- 250 g mitteldicke chinesische Eiernudeln
- 1 Eßlöffel Sesamöl
- 75 ml Tomatenketchup
- ca. 2 Teelöffel scharfe Chilisoße (nach Wunsch)
- 2 Eßlöffel Öl
- ½ Bund Lauchzwiebeln (in dünne, schräge Stücke geschnitten)
- 1–2 Knoblauchzehen (durch die Presse gedrückt)
- 400 g Schweinefilet (in dünne Streifen geschnitten)
- Salz

1 Nudeln nach Packungsanweisung in reichlich Wasser bißfest kochen. Gut abtropfen lassen, in eine Schüssel geben und mit Sesamöl beträufeln. Mischen, zugedeckt beiseite stellen.
2 Ketchup, Chilisoße, 150 ml heißes Wasser gut verrühren. Beiseite stellen.
3 Öl bei mittlerer Hitze im Wok erhitzen. Lauchzwiebeln und Knoblauch 1–2 Minuten darin anbraten, bis das Gemüse bißfest ist, aber keine Farbe angenommen hat.
4 Fleisch zufügen und 3–4 Minuten bei starker Hitze mitbraten. Soße gründlich unterrühren. Nudeln zugeben und kurz erhitzen. Nach Wunsch mit etwas Salz und Chilisoße abschmecken. Sofort servieren.

4 PORTIONEN
Vorbereitungszeit: ca. 10 Minuten
Garzeit: ca. 8 Minuten

RINDFLEISCH MIT AUSTERNSOSSE

- 2 Eßlöffel Austernsoße
- 1 Eßlöffel trockener Sherry
- 1 Eßlöffel Speisestärke
- 250 g Rumpsteak (in dünne Streifen geschnitten)
- 3–4 chinesische, getrocknete Pilze (20 Minuten in warmem Wasser eingelegt) oder 150 g Champignons (geputzt)
- 4 Eßlöffel Öl
- 2 cm frische Ingwerwurzel (geschält und gehackt)
- 2 Lauchzwiebeln (gehackt)
- 200 g Brokkoliröschen
- 150 g Bambussprossen (in Streifen geschnitten)
- 1 Möhre (in lange Streifen geschnitten)
- Salz
- 1 Teelöffel Zucker
- 50 ml Rinderbrühe

1 Austernsoße, Sherry und Speisestärke in einer Schüssel verrühren. Fleisch untermischen und zugedeckt im Kühlschrank ca. 20 Minuten durchziehen lassen.
2 Eingeweichte Pilze abtropfen lassen und ausdrücken. Die Stiele abschneiden und die Köpfe in dünne Scheiben schneiden. Ersatzweise Champignons in Scheiben schneiden.
3 Die Hälfte des Öls im Wok erhitzen. Fleisch zufügen und kurz anbraten. Mit dem Schaumlöffel herausheben und beiseite stellen.
4 Restliches Öl in den Wok geben und alles erhitzen. Ingwer, Lauchzwiebeln, Pilze, Brokkoli, Bambussprossen und Möhre zufügen. Salz nach Wunsch und Zucker unterrühren. Gemüse 2–3 Minuten anbraten. Rindfleisch wieder in den Wok geben und gut mischen. Etwas Brühe oder Wasser zugießen. Erhitzen und sofort servieren.

4 PORTIONEN
Vorbereitungszeit: ca. 25 Minuten
Garzeit: 5–10 Minuten

VARIATION

RINDFLEISCH MIT SCHWARZER BOHNENSOSSE

2 1/2 Eßlöffel Öl im Wok erhitzen. 500 g Rumpsteak (in 2 1/2 cm große Stücke geschnitten) darin ca. 1 Minute anbraten. Mit dem Schaumlöffel herausnehmen und auf Küchenpapier abtropfen lassen. 3 Eßlöffel schwarze Bohnen (aus der Dose) mit 3 Eßlöffeln von der Flüssigkeit im Wok zu einer geschmeidigen Masse zerdrücken. 1/2 Teelöffel Chilisoße und 2 rote Paprikaschoten (geputzt und in 2 1/2 cm große Würfel geschnitten) unterrühren. Fleisch zurück in den Wok geben. 1 Eßlöffel Speisestärke mit 3 Eßlöffeln Rinderbrühe anrühren, Soße damit binden. 1 Eßlöffel Reiswein oder trockenen Sherry zugießen und die Soße etwas einkochen lassen.

SPARE RIBS IN SCHWARZER BOHNENSOSSE

- 1 Eßlöffel Sojasoße
- 2 Eßlöffel trockener Sherry
- 1 Eßlöffel Zucker
- 1 Eßlöffel Weizenmehl (Type 405)
- 500 g Spare Ribs vom Schwein (in kleine Stücke gehackt)
- 3 Eßlöffel Öl
- 1 Knoblauchzehe (durch die Presse gedrückt)
- 2 Lauchzwiebeln (in dünne, schräge Stücke geschnitten)
- 2 Eßlöffel schwarze oder gelbe Bohnenpaste
- 5 Eßlöffel klare Brühe (siehe Seite 35) oder Wasser
- je 1 kleine grüne und rote Paprikaschote (geputzt und in Streifen geschnitten)

1 Sojasoße, Sherry, Zucker und Mehl in einer großen Schüssel verrühren. Spare Ribs zugeben und 10–15 Minuten im Kühlschrank marinieren lassen.
2 Öl im Wok erhitzen und Spare Ribs darin in ein paar Minuten goldbraun braten. Mit dem Schaumlöffel herausnehmen und auf Küchenpapier abtropfen lassen.
3 Knoblauch, Lauchzwiebeln und schwarze oder gelbe Bohnenpaste in den Wok geben und mischen. Spare Ribs und klare Brühe oder Wasser zufügen. Im geschlossenen Wok bei starker Hitze ca. 5 Minuten kochen. Eventuell noch Flüssigkeit zugießen. Deckel abnehmen und weitere 5 Minuten kochen.

4 Paprika untermischen und zirka 2 Minuten mitkochen. Von der Kochstelle nehmen und sofort servieren.

4 PORTIONEN
Vorbereitungszeit: ca. 25 Minuten
Garzeit: 15–20 Minuten

SCHWEINEFLEISCH MIT ORANGE GLASIERT

Orangen stammen ursprünglich aus China, wurden aber während der Römerzeit durch arabische Händler auch in Europa bekannt. Die ersten Orangen schmeckten bitter, wie die Sevilla-Orange. Süße Orangen kamen erst um das Jahr 1630 nach Europa.

- dünn abgeschälte Schale von 1 großen Orange (in dünne Streifen geschnitten)
- 3 Eßlöffel Öl
- 500 g Schweinefilet (in dünnen Scheiben geschnitten)
- 1 Zwiebel (fein gehackt)
- 2½ cm frische Ingwerwurzel (geschält und fein gehackt)
- 4 Eßlöffel Orangensaft
- 4 Eßlöffel flüssiger Honig
- 2 Eßlöffel Erdnußbutter mit Stückchen
- 2 Eßlöffel Sojasoße
- ½ Teelöffel Chilipulver, nach Wunsch
- Minzezweige, zum Garnieren

1 Orangenschale in kochendem Wasser ca. 1 Minute blanchieren. Abtropfen lassen, unter kaltem Wasser abspülen und nochmals abtropfen lassen. Beiseite stellen.

2 2 Eßlöffel Öl bei mittlerer Hitze im Wok erhitzen. Fleischstreifen bei starker Hitze darin 3–4 Minuten anbraten, bis sie von allen Seiten leicht gebräunt sind. Fleisch und Bratsaft in eine Schüssel geben. Beiseite stellen.

3 Restliches Öl im Wok erhitzen. Zwiebel und Ingwer darin 2–3 Minuten braten, bis das Gemüse noch bißfest ist. Orangensaft, Honig, Erdnußbutter, Sojasoße und Chilipulver untermischen. Aufkochen und unter ständigem Rühren ca. 1 Minute kochen.

4 Fleisch und Bratsaft zurück in den Wok geben. Die Hälfte der Orangenschale zufügen und gut mischen. Unter ständigem Rühren erhitzen. Mit der restlichen Orangenschale und den Minzezweigen garnieren und sofort servieren.

4 PORTIONEN

Vorbereitungszeit: ca. 15 Minuten
Garzeit: ca. 10 Minuten

SCHWEINEFLEISCH MIT GEMÜSE

- 2 Eßlöffel Sojasoße
- 1 Eßlöffel trockener Sherry
- 2 Teelöffel Speisestärke
- 250 g Schweinefilet (in dünne Scheiben geschnitten)
- 5 Eßlöffel Öl
- 2 Lauchzwiebeln (in 2 ½ cm große Stücke geschnitten)
- 1 cm frische Ingwerwurzel (geschält und fein gehackt)
- 150 g frische Sojabohnensprossen
- 1 kleine grüne Paprikaschote (geputzt und geschnitten)
- 200 g Blumenkohl- oder Brokkoliröschen
- 2-3 Tomaten (in Stücke geschnitten)
- 2 Möhren (in dünne Streifen geschnitten)
- 100 g grüne Bohnen (geputzt)
- Salz
- 1 Eßlöffel Zucker
- 3 Eßlöffel klare Brühe (siehe rechts) oder Wasser

1 Sojasoße, Sherry und Speisestärke in einer Schüssel mischen, Fleisch zugeben und gründlich darin wenden.
2 Die Hälfte des Öls im Wok erhitzen. Schweinefilet darin ca. 1 Minute anbraten. Mit dem Schaumlöffel herausnehmen und beiseite stellen.
3 Das restliche Öl zugeben und alles im Wok erhitzen. Lauchzwiebeln, Ingwer, Sojabohnensprossen, grüne Paprika, Blumenkohl oder Brokkoli, Tomaten, Möhren, grüne Bohnen, etwas Salz und Zucker zugeben. Alles ca. 2 Minuten unter Rühren braten, dann das Fleisch wieder in den Wok zum Gemüse geben. Etwas Brühe nach Wunsch zugießen und alles so lange garen, bis das Gemüse bißfest ist. Sofort mit Reis servieren.

3-4 PORTIONEN
Vorbereitungszeit: ca. 15 Minuten
Garzeit: 8–10 Minuten

KLARE BRÜHE

1 kg Hähnchenteile, 750 g Spare Ribs vom Schwein, 50 g frische Ingwerwurzel (mit Schale gewürfelt) und 4–5 Lauchzwiebeln in einen großen Topf geben. 2 ¾ l Wasser zugießen und aufkochen. Entstehenden Schaum von der Oberfläche abschöpfen. Bei mittlerer Hitze ohne Deckel mindestens 1 ½–2 Stunden kochen. Von der Kochstelle nehmen und abkühlen lassen. Wenn die Brühe erkaltet ist, entstandenes Fett von der Oberfläche abschöpfen. Brühe durch ein Sieb in einen sauberen Topf gießen. 50 ml Reiswein oder trockenen Sherry zugießen und aufkochen. Vor der Verwendung noch ca. 5 Minuten köcheln lassen. Die Brühe kann in einem geschlossenen Gefäß im Kühlschrank 4–5 Tage aufbewahrt werden.

SCHWEINEFLEISCH SÜSS-SAUER

- 250 g Schweinefleisch (gewürfelt)
- 1 Teelöffel Salz
- 1½ Eßlöffel Weinbrand
- 1 Ei (verschlagen)
- 1 Eßlöffel Speisestärke
- Öl, zum Fritieren
- 150 g Bambussprossen (gewürfelt)
- 1 grüne Paprikaschote (geputzt und gewürfelt)
- 2 Lauchzwiebeln (in 2½ cm große Stücke geschnitten)
- 400 g Ananasstücke (aus der Dose, abgetropft, Saft beiseite gestellt)

SOSSE:

- 3 Eßlöffel Essig
- 3 Eßlöffel Zucker
- ½ Teelöffel Salz
- 1 Eßlöffel Tomatenmark
- 1 Eßlöffel Sojasoße
- 1 Eßlöffel Speisestärke
- 1 Teelöffel Sesamöl

1 Fleisch mit Salz und Weinbrand in einer Schüssel vermischen. 15 Minuten im Kühlschrank marinieren lassen. Erst Ei, dann Speisestärke zufügen und alles gründlich vermischen.

2 Öl im Wok so lange erhitzen, bis sich um einen Holzstiel, der hineingehalten wird, Bläschen bilden. Fleisch im heißen Fett ca. 3 Minuten fritieren. Wok von der Kochstelle nehmen, das Fleisch noch ca. 2 Minuten im heißen Fett nachgaren lassen. Mit dem Schaumlöffel herausheben, auf Küchenpapier abtropfen lassen. Wok wieder auf die Kochstelle geben und das Fleisch mit den Bambussprossen darin ca. 2 Minuten erhitzen. Mit dem Schaumlöffel herausnehmen und auf Küchenpapier abtropfen lassen.

3 Fritieröl bis auf 1 Eßlöffel wegschütten. Paprika und Lauchzwiebeln im verbliebenen Öl anbraten. Zutaten für die Soße mit etwas Ananassaft vermischen und dazugießen. Rühren, bis die Soße bindet. Fleisch, Bambussprossen, Ananas zufügen. Servieren.

3 PORTIONEN

Vorbereitungszeit: ca. 30 Minuten
Garzeit: ca. 15 Minuten

FRITIERTE WAN TAN

- 24 Blätter tiefgefrorener Wan-Tan-Teig
- Öl, zum Fritieren

FÜLLUNG:

- 125 g Hackfleisch vom Schwein
- 50 g Garnelen (gekocht, geschält, fein gehackt)
- 2 Teelöffel Lauchzwiebeln (fein gehackt)
- 1 Eßlöffel Reiswein oder trockener Sherry
- 1 Teelöffel Zucker
- Salz

SOSSE:

- 1 Eßlöffel Speisestärke
- 1 Eßlöffel Tomatenmark
- 1 Eßlöffel Zucker
- 2 Eßlöffel Essig
- 1 Eßlöffel Sojasoße
- 1 Eßlöffel Öl

1 Für die Füllung Hackfleisch, Garnelen, Lauchzwiebeln, Reiswein oder Sherry, Zucker und Salz in einer Schüssel so lange verrühren, bis eine geschmeidige Masse entsteht.
2 Die Wan-Tan-Blätter auf der Arbeitsfläche ausbreiten und je 1 Teelöffel Füllung in die Mitte geben. Teig diagonal zusammenklappen. Ränder gut zusammendrücken, damit keine Füllung herausfällt.
3 Das Öl im Wok stark erhitzen (auf 180–190 Grad). Dann bei mittlerer Hitze die Wan Tan portionsweise darin in 2–3 Minuten knusprig fritieren. Mit dem Schaumlöffel herausnehmen und auf Küchenpapier abtropfen lassen. Im vorgewärmten Ofen warm halten. Fritieröl abgießen.

4 Für die Soße Speisestärke und 4–5 Eßlöffel Wasser verrühren. Tomatenmark, Zucker, Essig und Sojasoße untermischen. Öl im Wok erhitzen, Soße hineingießen. Unter Rühren bei mittlerer Hitze 3–4 Minuten kochen. Sofort mit den Wan Tan servieren.

4-6 PORTIONEN
Vorbereitungszeit: ca. 30 Minuten
Garzeit: ca. 10 Minuten

FRITIERTE FLEISCHBÄLLCHEN

- 1 Bund Koriandergrün (die Hälfte davon grob gehackt)
- 2 Teelöffel schwarzer Pfeffer
- 4 Knoblauchzehen (geschält)
- 1 Prise Zucker
- 500 g Schweinehackfleisch
- 2 Eßlöffel thailändische Fischsoße
- Weizenmehl (Type 405), zum Wenden
- 4–5 Eßlöffel Öl

1 Gehacktes Koriandergrün, Pfeffer, Knoblauch und Zucker im Mörser oder Mixer zu einer geschmeidigen Paste verarbeiten.

2 Hackfleisch, die Korianderpaste und Fischsoße mit der Küchenmaschine oder in einer Schüssel mit den Händen zu einem geschmeidigen Teig verkneten.

3 Aus dem Fleischteig ca. 20 kleine Bällchen (ca. 2½ cm ø) formen. Diese in etwas Mehl wenden.

4 Öl im Wok erhitzen. Zirka 5 Bällchen darin bei mittlerer Hitze 2–3 Minuten fritieren, bis beim Einstechen mit einem Messer kein Saft mehr austritt. Mit einem Schaumlöffel herausnehmen und auf Küchenpapier abtropfen lassen. Warm stellen, während die restlichen Bällchen gebraten werden. Mit Korianderblättchen garnieren und heiß servieren.

4 PORTIONEN

Vorbereitungszeit: ca. 15 Minuten
Garzeit: ca. 12 Minuten

FRÜHLINGS-ROLLEN

- 250 g und 1 Eßlöffel Weizenmehl (Type 405)
- 1 Prise Salz
- 1 Ei
- Sonnenblumenöl, zum Fritieren

FÜLLUNG:

- 1 Eßlöffel Sonnenblumenöl
- 250 g mageres Schweinefleisch (dünn geschnitten)
- 1 Knoblauchzehe (durch die Presse gedrückt)
- 2 Stangen Staudensellerie (geschnitten)
- 125 g Pilze (geschnitten)
- 2 Lauchzwiebeln (gehackt)
- 100 g Sojabohnensprossen
- 150 g Garnelen (gekocht, geschält)
- 2 Eßlöffel helle Sojasoße

1 250 g Mehl und Salz in eine Schüssel sieben. Mit Ei und ca. 300 ml kaltem Wasser zu einem Teig verrühren. Eine Pfanne (ca. 20 cm ø) mit wenig Öl fetten und bei mittlerer Hitze erwärmen.
2 Aus dem Teig nacheinander dünne Pfannkuchen backen. Dafür so viel Teig in die Pfanne geben, daß der Boden bedeckt ist. Vorgang so lange wiederholen, bis der gesamte Teig ausgebacken ist.
3 Für die Füllung Öl im Wok erhitzen. Fleisch darin 2–3 Minuten braten. Knoblauch und Gemüse zufügen. Weitere 2 Minuten braten. Garnelen und Sojasoße untermischen. Wok von der Kochstelle nehmen und abkühlen lassen.
4 Je 2–3 Eßlöffel Füllung in die Mitte der ausgebackenen Teigplatten legen. Seiten einschlagen und vorsichtig aufrollen. Den Eßlöffel Mehl mit 1 Eßlöffel Wasser zu einer Paste verrühren, die Enden der Rollen damit schließen.
5 Öl im Wok stark erhitzen (180–190 Grad). Je 2 Frühlingsrollen darin goldbraun fritieren. Auf Küchenpapier abtropfen lassen und heiß servieren.

4–6 PORTIONEN

Vorbereitungszeit: ca. 35 Minuten
Garzeit: ca. 10 Minuten

FRITIERTE WAN-TAN-PÄCKCHEN

- 20 Blätter tiefgefrorener Wan-Tan-Teig
- 20 Schnittlauchhalme (ca. 10 cm lang)
- Öl, zum Fritieren

FÜLLUNG:

- 1 Knoblauchzehe (durch die Presse gedrückt)
- 1 Stückchen Korianderwurzel (gehackt) oder 1 Teelöffel gehacktes Koriandergrün
- 1/4 Teelöffel Pfeffer
- 100 g Wasserkastanien (aus der Dose, gehackt)
- 250 g Schweinehackfleisch
- 50 g rohe Garnelen (geschält und gehackt)
- 2 Lauchzwiebeln (gehackt)
- 1 grüne Chilischote (entkernt und gehackt)
- 1 Eßlöffel dunkle Sojasoße
- 1 Eßlöffel thailändische Fischsoße

ZUM SERVIEREN:

- Pflaumen- oder Chilisoße

1 Für die Füllung Knoblauch, Koriander und Pfeffer zu einer nicht zu feinen Paste verrühren.

2 Mit allen restlichen Zutaten in einer Schüssel zu einer dicken Paste vermischen.

3 Die Wan-Tan-Blätter auf der Arbeitsfläche ausbreiten. Je 1 Eßlöffel der Füllung in die Mitte geben.

4 Die 4 Ecken der Teigblätter über der Mitte so zusammenfassen, daß kleine Päckchen entstehen. Mit den Schnittlauchhalmen sehr vorsichtig zusammenbinden. Darauf achten, daß die Halme nicht reißen.

5 Das Öl im Wok erhitzen. Wan-Tan-Päckchen darin knusprig und goldbraun fritieren. Herausheben, auf Küchenpapier abtropfen lassen. Mit Pflaumen- oder Chilisoße servieren.

4-5 PORTIONEN

Vorbereitungszeit: ca. 25 Minuten

Garzeit: 5–10 Minuten

LAMMFLEISCH IN CHINAKOHL

- 2 Eßlöffel Öl
- ½ Bund Lauchzwiebeln (in dünne, schräge Stücke geschnitten)
- 1 grüne Chilischote (entkernt und fein gehackt)
- 2 Knoblauchzehen (durch die Presse gedrückt)
- 3 getrocknete Shiitake-Pilze (20 Minuten in warmem Wasser eingeweicht)
- 250 g Lammfilet (in dünne Streifen geschnitten)
- 100 g frische Sojabohnensprossen
- 3 Eßlöffel Sojasoße
- Pfeffer
- ca. 4 Eßlöffel Hoisin-Soße
- 8 schöne, knackige Chinakohlblätter
- Minze- oder thailändische Basilikumblätter

DIP:

- ⅛ l Sojasoße
- 2 Knoblauchzehen (durch die Presse gedrückt)
- 1 Teelöffel Zucker
- 1 Teelöffel Zitronensaft

1 Für den Dip alle Zutaten in einer kleinen Schüssel gut vermischen. Beiseite stellen.

2 Öl bei mittlerer Hitze im Wok erhitzen. Lauchzwiebeln, Chilischote und Knoblauch darin 2–3 Minuten anbraten, damit das Öl Geschmack annimmt. Mit einem Schaumlöffel herausnehmen und auf Küchenpapier abtropfen lassen.

3 Pilze abtropfen lassen, Wasser ausdrücken und die Pilze grob hacken. Das Lammfleisch bei starker Hitze im Wok von allen Seiten in 3–4 Minuten kräftig anbraten. Pilze und Sojabohnensprossen zufügen, 2–3 Minuten mitbraten. Lauchzwiebel-Mischung wieder in den Wok geben und unter ständigem Rühren die Sojasoße zufügen. Mit Pfeffer abschmecken.

4 Jedes Chinakohlblatt mit wenig Hoisin-Soße beträufeln, ein paar Minze- oder Basilikumblätter darüberlegen und mit 1 Eßlöffel Fleischmischung abschließen. Die Kohlblätter aufrollen und die Enden einschlagen. Sofort mit dem Dip servieren.

4 PORTIONEN

Vorbereitungszeit: ca. 15 Minuten
Garzeit: ca. 12 Minuten

ORIENTALISCHES LAMMGERICHT

Viel Gemüse und Lammfleisch verleihen diesem Gericht seinen köstlichen Geschmack. Sie können das Gemüse je nach Jahreszeit variieren. Wasserkastanien in Dosen gibt's im Asienladen oder in gut sortierten Supermärkten mit Spezialitätenecken. Sie sind zurückhaltend im Geschmack, verleihen dem Gericht aber Biß. Ersatzweise können Sie auch gegarte Eßkastanien nehmen.

- 3 Eßlöffel Öl
- 500 g Lammfilet (in dünne Streifen geschnitten)
- 3 Lauchzwiebeln (in dünne, schräge Stücke geschnitten)
- 1 Knoblauchzehe (durch die Presse gedrückt)
- 1 kleine, rote Paprikaschote (geputzt und der Länge nach in dünne Streifen geschnitten)
- 1 kleine, gelbe Paprikaschote (geputzt und der Länge nach in dünne Streifen geschnitten)
- 2 mittelgroße Zucchini (in dünne, schräge Stücke geschnitten)
- 225 g Wasserkastanien (aus der Dose, abgetropft und dünn geschnitten)
- Pfeffer

SOSSE:

- 2 Teelöffel Speisestärke
- 2 Eßlöffel Sojasoße

1 Für die Soße Stärke mit 4 Eßlöffeln Wasser verrühren. Sojasoße daruntermischen. Abgedeckt beiseite stellen.

2 2 Eßlöffel Öl im Wok erhitzen. Bei starker Hitze das Fleisch darin 3–4 Minuten anbraten, bis es von allen Seiten gebräunt ist. Fleisch und Bratsaft in eine Schüssel geben. Beiseite stellen.

3 Restliches Öl erhitzen. Lauchzwiebeln, Knoblauch, Paprika darin 3–4 Minuten anbraten. Zucchini zugeben, weitere 2 Minuten braten.

4 Fleisch und Bratsaft wieder in den Wok geben. Wasserkastanien zufügen. Soße umrühren, in den Wok gießen, bei starker Hitze 2–3 Minuten unter Rühren erhitzen. Mit Pfeffer nach Wunsch würzen und sofort servieren.

4 PORTIONEN

Vorbereitungszeit: ca. 15 Minuten
Garzeit: ca. 15 Minuten

LAMM MIT OKRA UND TOMATEN

- 250 g Okraschoten (geputzt)
- Salz
- 3 Eßlöffel Öl
- 1 Zwiebel (gehackt)
- 1-2 Knoblauchzehen (fein gehackt)
- 2 Teelöffel Koriandersamen (gerieben)
- 2 Teelöffel Kurkuma (Gelbwurz)
- 1 Teelöffel Chilipulver, nach Wunsch
- 500 g Lammfilet (in feinen Streifen)
- 250 g reife Tomaten (gehäutet und grob gehackt)
- fein abgeriebene Schale und Saft von ½ Zitrone
- ½ Teelöffel Zucker

1 Okraschoten in kochendem Salzwasser ca. 5 Minuten blanchieren. Abtropfen lassen, unter kaltem Wasser abspülen und nochmals abtropfen lassen. Beiseite stellen.
2 Bei mittlerer Hitze Öl im Wok erhitzen. Zwiebel, Knoblauch, Koriander, Kurkuma und Chilipulver zufügen. Alles 2–3 Minuten dünsten, bis die Zwiebel glasig, aber nicht braun ist.
3 Filetstreifen zugeben und bei starker Hitze 3–4 Minuten kräftig anbraten.
4 Tomaten zufügen und mitbraten, bis sich Saft gebildet hat. Dann Zitronenschale, -saft und Zucker unterrühren. Mit Salz abschmecken. Zum Schluß erst die Okraschoten zugeben und unter ständigem Rühren 3–4 Minuten erhitzen. Heiß servieren.

3-4 PORTIONEN
Vorbereitungszeit: ca. 15 Minuten
Garzeit: ca. 12 Minuten

FISCH & CO.

FRITIERTE GARNELEN

Öl, zum Fritieren
500 g Garnelen (roh, geschält, ohne dunklen Faden (Darm) und Kopf)
2 Teelöffel Speisestärke
SÜSS-SAURE SOSSE:
2 Eßlöffel trockener Sherry
2 Eßlöffel Sojasoße
2 Eßlöffel Essig
1 Eßlöffel Zucker
1 Teelöffel Lauchzwiebeln (fein gehackt)
1 Teelöffel frische Ingwerwurzel (fein gehackt)

1 Öl im Wok so lange erhitzen, bis ein Brotstückchen darin in 30 Sekunden bräunt (180–190 Grad). Garnelen im heißen Öl fritieren, bis sie sich rosa färben. Mit einem Schaumlöffel herausheben und auf Küchenpapier abtropfen lassen.
2 Öl bis auf 1 Eßlöffel aus dem Wok gießen. Für die Soße Sherry, Sojasoße, Essig, Zucker, Lauchzwiebeln und Ingwer in einer Schüssel verrühren. Mit den Garnelen in den Wok geben und bei starker Hitze unter ständigem Rühren ca. 1 Minute kochen.
3 Speisestärke mit 1 Eßlöffel kaltem Wasser anrühren, zu den Garnelen geben und so lange erhitzen, bis die Soße bindet.

4 PORTIONEN
Vorbereitungszeit: ca. 10 Minuten
Garzeit: ca. 5 Minuten

GARNELEN IM SESAMMANTEL

Das ist die Vorspeise für ein festliches Menü. Die Garnelen müssen nicht unbedingt vor dem Garen flachgedrückt werden, wie in Schritt 1 beschrieben. Allerdings behalten sie dadurch besser ihre Form.

- 12 Riesengarnelen (roh, geschält, ohne dunklen Faden (Darm) und Kopf)
- 2 Eßlöffel Weizenmehl (Type 405)
- 1 großes Ei
- 2 Eßlöffel Sesamsamen
- Salz und Pfeffer
- ca. 600 ml Öl, zum Fritieren
- glatte Petersilie, zum Garnieren
- Sojasoße, zum Dippen

1 Garnelen unter fließendem, kalten Wasser abspülen und gut trockentupfen. Mit einem scharfen, spitzen Messer an der Unterseite entlang aufschneiden. Vorsichtig öffnen, mit der Schnittseite nach unten auf die Arbeitsfläche legen und die Garnelen mit den Fingern vorsichtig etwas flach drücken.

2 Arbeitsfläche oder Teller mit Mehl bestäuben und die Garnelen darin wenden. Ei mit den Sesamsamen in einer Schüssel verschlagen. Mit Salz und Pfeffer würzen.

3 Öl im Wok so lange erhitzen, bis ein Brotstückchen darin in 30 Sekunden bräunt (180–190 Grad).

4 Immer 1 Garnele am Schwanz fassen, in die Eimischung tauchen und dann sofort in das heiße Öl legen. Garnelen portionsweise 1–2 Minuten fritieren, bis sie knusprig und leicht gebräunt sind. Mit einem Schaumlöffel herausnehmen und auf Küchenpapier abtropfen lassen. Warm stellen. Mit glatter Petersilie garnieren und mit Sojasoße zum Dippen sofort servieren.

12 STÜCK

Vorbereitungszeit: ca. 30 Minuten
Garzeit: ca. 10 Minuten

GARNELEN MIT BROKKOLI

- 250 g Riesengarnelen (gekocht, geschält und ohne dunklen Faden (Darm))
- 1 cm frische Ingwerwurzel (geschält und fein gehackt)
- 1 Eßlöffel halbtrockener oder trockener Sherry
- 1 Eiweiß
- 1 Teelöffel Speisestärke
- 3 Eßlöffel Öl
- 2 Lauchzwiebeln (fein gehackt)
- 250 g Brokkoli (in Röschen zerteilt, Stiele geputzt und geschnitten)
- 1 Teelöffel Salz
- 1 Teelöffel Zucker

1 Jede Garnele der Länge nach halbieren und in Stücke schneiden.
2 Garnelenstücke, Ingwer, Sherry, Eiweiß und Speisestärke in eine Schüssel geben und gut mischen. Im Kühlschrank ca. 20 Minuten marinieren.
3 1 Eßlöffel Öl im Wok erhitzen und die Garnelen darin bei mittlerer Hitze ca. 30 Sekunden anbraten. Mit einem Schaumlöffel herausnehmen und beiseite stellen.
4 Das restliche Öl im Wok erhitzen. Lauchzwiebeln, Brokkoli, Salz sowie Zucker zufügen. Unter ständigem Rühren so lange braten, bis der Brokkoli bißfest ist. Garnelen wieder in den Wok geben und unter den Brokkoli mischen. Sofort servieren.

2-3 PORTIONEN
Vorbereitungszeit: ca. 30 Minuten
Garzeit: ca. 5 Minuten

GARNELENCURRY

Galgant gehört zur selben Pflanzenfamilie wie Ingwer. Gemahlener Galgant wird auch unter dem Namen Laos-Pulver verkauft.

- 3/4 l Kokosnußmilch (siehe Seite 7)
- 2 Eßlöffel grüne Currypaste (siehe Seite 7)
- 2 Teelöffel Galgantpulver
- 750 g Garnelen (roh, geschält und ohne dunklen Faden (Darm))
- 2 Eßlöffel thailändische Fischsoße

ZUM GARNIEREN:

- 1 Eßlöffel frische, grüne Chilischote (in 2 1/2 cm lange Streifen geschnitten)
- 4 Basilikumblätter (möglichst thailändische)

1 Kokosnußmilch mindestens 1 Stunde kalt stellen, bis sich an der Oberfläche eine cremige Schicht bildet. Davon 1/4 l abnehmen und in den Wok gießen. Die restliche Kokosmilch beiseite stellen.

2 Kokoscreme aufkochen. Bei mittlerer Hitze ohne Deckel so lange einkochen, bis sich oben Kokosnußöl absetzt und die Flüssigkeit auf 1/4 reduziert ist. Dabei ab und zu umrühren. Currypaste und Galgant unterrühren. Nochmals aufkochen und so lange einkochen, bis fast keine Flüssigkeit mehr übrig ist.

3 Garnelen unter fließendem, kalten Wasser abspülen. Auf Küchenpapier trockentupfen. In den Wok geben und 3–4 Minuten mitbraten, bis sie sich rosa gefärbt haben und das Fleisch fest ist.

4 Beiseite gestellte Kokosnußmilch und Fischsoße unterrühren. 6–8 Minuten köcheln lassen, dabei ab und zu umrühren. Das Garnelencurry mit Chilistreifen und Basilikumblättern garnieren, sofort servieren.

4-6 PORTIONEN

Vorbereitungszeit: ca. 10 Minuten, plus 1 Stunde Kühlzeit

Garzeit: 30–35 Minuten

GARNELEN IN KOKOSNUSSOSSE

- 16 Riesengarnelen (roh, geschält und ohne dunklen Faden (Darm))
- 2 Eßlöffel Öl
- 1 große Zwiebel (fein gehackt)
- 2 Stengel Zitronengras (gehackt)
- 2 rote Chilischoten (entkernt und gehackt)
- 2 1/2 cm frische Ingwerwurzel (fein gehackt)
- 1 Eßlöffel gemahlener Kreuzkümmel
- 1 Eßlöffel gemahlener Koriander
- 2 Eßlöffel thailändische Fischsoße
- 1/4 l dickflüssige Kokosnußmilch (siehe Seite 7)
- 3 Eßlöffel Erdnüsse (geröstet, grob gemahlen)
- 2 Tomaten (enthäutet und gehackt)
- 1 Teelöffel Zucker
- Saft von 1/2 Limette
- Korianderblättchen (gehackt)

1 Garnelen unter fließendem kalten Wasser abspülen, auf Küchenpapier trockentupfen. Mit einem scharfen, spitzen Messer auf der Unterseite vom Kopf bis zum Schwanz aufschneiden.
2 Öl im Wok erhitzen. Zwiebel darin glasig dünsten. Zitronengras, Chilies, Ingwer, Kreuzkümmel und Koriander unterrühren und ca. 2 Minuten braten.
3 Fischsoße und Kokosnußmilch unterrühren. Erdnüsse und Tomaten zufügen, bei schwacher Hitze so lange kochen, bis die Tomaten gar sind.
4 Garnelen zugeben und ca. 5 Minuten mitkochen, bis sie sich rosa gefärbt haben. Zucker unterrühren. Auf einem Servierteller anrichten. Mit Limettensaft beträufeln und mit Koriander bestreuen. Sofort servieren.

4 PORTIONEN
Vorbereitungszeit: ca. 20 Minuten
Garzeit: 17–20 Minuten

JAKOBS-MUSCHELN MIT ZUCKERERBSEN

Jakobsmuscheln in der Schale bekommen Sie beim Fischhändler. Zugegeben – sie sind zwar teuer, aber dafür so aromatisch, daß bereits 4 Stück pro Person für dieses Gericht genügen. Wenn Sie Ihre Gäste besonders verwöhnen möchten, können Sie die Menge natürlich auch auf 5–6 pro Person erhöhen.

- 8 frische oder tiefgekühlte Jakobsmuscheln in der Schale (mit Corail; evtl. aufgetaut und gut trockengetupft)
- 3 Eßlöffel Öl
- 6 Lauchzwiebeln (in dünne, schräge Stücke geschnitten)
- 2½ cm frische Ingwerwurzel (geschält und fein gehackt)
- 200 g Zuckererbsen (schräg geschnitten)
- 1 Knoblauchzehe (durch die Presse gedrückt)
- 1 Eßlöffel Sesamöl
- 2 Eßlöffel Sojasoße
- ½ Teelöffel Zucker
- Pfeffer
- Lauchzwiebeln, zum Garnieren

1 Muscheln in dicke Scheiben schneiden. Corail vorsichtig abtrennen, damit es ganz bleibt. Corail beiseite stellen.
2 2 Eßlöffel Öl bei mittlerer Hitze im Wok erhitzen. Lauchzwiebeln und Ingwer darin ein paar Sekunden anbraten. Zuckererbsen und Knoblauch zugeben. Zirka 2 Minuten mitbraten. In eine Schüssel füllen und beiseite stellen.
3 Bei mittlerer Hitze restliches Öl und Sesamöl erhitzen. Die geschnittenen Muscheln darin ca. 3 Minuten anbraten. Gemüsemischung wieder in den Wok geben. Corail, Sojasoße sowie Zucker zufügen und unter ständigem Rühren bei starker Hitze 1–2 Minuten erhitzen. Mit Pfeffer nach Wunsch würzen und mit Lauchzwiebeln garnieren. Sofort servieren.

2 PORTIONEN

Vorbereitungszeit: ca. 15 Minuten
Garzeit: ca. 10 Minuten

TINTENFISCH MIT PAPRIKA

- Öl, zum Fritieren
- 250 g Tintenfisch (geputzt, in Ringe geschnitten)
- 1 grüne Paprikaschote (geputzt und geschnitten)
- 2 cm frische Ingwerwurzel (geschält und fein gehackt)
- 1 Teelöffel Salz
- 1 Eßlöffel Sojasoße
- 1 Teelöffel Essig
- Pfeffer
- 1 Teelöffel Sesamöl

1 Öl im Wok so lange erhitzen, bis ein Brotstückchen darin in 30 Sekunden bräunt (180–190 Grad). Tintenfischringe darin ca. 30 Sekunden fritieren. Mit dem Schaumlöffel herausnehmen und auf Küchenpapier abtropfen lassen. Öl bis auf 1 Eßlöffel aus dem Wok gießen.

2 Tintenfisch, grüne Paprika und Ingwer in den Wok geben und ein paar Sekunden anbraten. Salz, Sojasoße, Essig und Pfeffer nach Wunsch unterrühren. Alles ca. 1 Minute kochen, Sesamöl zugeben und servieren.

2-4 PORTIONEN

Vorbereitungszeit: ca. 15 Minuten
Garzeit: ca. 5 Minuten

GEBRATENE GARNELEN

- 2 ½ Eßlöffel Speisestärke
- 1 Teelöffel Salz
- 1 Eßlöffel trockener Sherry
- 1 Eiweiß
- 500 g Riesengarnelen (geschält, mit Kopf und ohne dunklen Faden (Darm))
- 4 Eßlöffel Öl
- 3 dünne Scheiben frische Ingwerwurzel (geschält)
- 2 Knoblauchzehen (durch die Presse gedrückt)
- 2 Teelöffel schwarze Bohnen (1 Stunde eingeweicht, abgetropft)
- 250 g Zuckererbsen (geputzt und halbiert)
- 6 Wasserkastanien (dünn geschnitten)
- ½ Eßlöffel Sojasoße
- 2 Eßlöffel Hühnerbrühe
- 1 Teelöffel geröstetes Sesamöl
- Lauchzwiebeln und Koriandergrün, nach Wunsch

1 2 Eßlöffel Speisestärke, Salz, Sherry und Eiweiß in einer Schüssel verrühren. Garnelen hineingeben und wenden.
2 Öl im Wok so lange erhitzen, bis es zu rauchen beginnt. Ingwerscheiben darin ca. 30 Sekunden anbraten, damit das Öl Geschmack annimmt. Ingwer herausnehmen. Garnelen im heißen Öl so lange braten, bis sie sich rosa gefärbt haben. Mit dem Schaumlöffel herausheben und beiseite stellen.
3 Knoblauch, Bohnen, Zuckererbsen und Wasserkastanien im Wok 1–2 Minuten anbraten. Garnelen wieder in den Wok geben. Restliche Speisestärke mit Sojasoße und Hühnerbrühe verrühren. Unter die Garnelen mischen und aufkochen, bis eine dickflüssige Soße entsteht. Sesamöl zufügen und gut verrühren. Mit Lauchzwiebeln und Korianderzweigen nach Wunsch garnieren. Sofort servieren.

3-4 PORTIONEN
Vorbereitungszeit: ca. 10 Minuten
Garzeit: 8–10 Minuten

VARIATION
GEBRATENE CHILI-GARNELEN

4 Eßlöffel Öl im Wok erhitzen. 1 Zwiebel (fein gehackt), 2 Knoblauchzehen und 1–2 Teelöffel Chilipulver darin 2–3 Minuten dünsten, bis die Zwiebeln glasig sind. 500 g Riesengarnelen zufügen und mitbraten, bis sie sich rosa färben. 8 Kirschtomaten, 3 Eßlöffel Tomatenmark, 1 Eßlöffel Rotweinessig, 1 Prise Zucker und ½ Teelöffel Salz unterrühren. Bei starker Hitze einkochen.

KREBSFLEISCH MIT SÜSS-SAURER SOSSE

Bitten Sie Ihren Fischhändler, den Krebs küchenfertig vorzubereiten, also alle nicht eßbaren Teile zu entfernen. Küchenfertige Krebse werden auch tiefgefroren angeboten.

- 2 Eßlöffel Öl
- 2 1/2 cm frische Ingwerwurzel (geschält und fein gehackt)
- 1 Knoblauchzehe (geschält und fein gehackt)
- 1 Teelöffel scharfes Chilipulver
- 6 Eßlöffel Tomatenketchup
- 2 Eßlöffel Rotweinessig
- 1 Eßlöffel brauner Zucker
- 150 ml heißer Fischfond (aus dem Glas)
- 1 großer Krebs (gegart, in Stücke zerteilt, Scheren und Beine geöffnet)
- Salz

ZUM SERVIEREN:

- dünne Gurkenscheiben, Krabbenbrot

1 Öl bei mittlerer Hitze im Wok heiß werden lassen. Ingwer und Knoblauch darin 2–3 Minuten anbraten.
2 Chilipulver unterrühren. Ketchup, Essig, Zucker zugeben und aufkochen. Fischfond zugießen, Krebsstücke in den Wok geben. Zirka 5 braten. Nach Wunsch mit Salz abschmecken.
3 Mit Gurkenscheiben, fritiertem Krabbenbrot und Reis anrichten.

4 PORTIONEN
Vorbereitungszeit: ca. 30 Minuten
Garzeit: ca. 10 Minuten

KREBSFLEISCH-RÖLLCHEN

Teig:
- 4 Eßlöffel Weizenmehl (Type 405)
- ½ Teelöffel Salz
- 4 Eier (verschlagen)

Füllung:
- 2 Eßlöffel Öl
- 1 Ei (verschlagen)
- 1 Lauchzwiebel (in lange dünne Streifen geschnitten)
- 300 g gegartes Krebsfleisch (zerpflückt)
- 1 Eßlöffel trockener Sherry
- Salz und Pfeffer
- 1–2 Teelöffel Speisestärke
- 1 Eßlöffel Weizenmehl (Type 405)
- Öl, zum Fritieren

1 Mehl und Salz in eine Schüssel sieben. 4 Eßlöffel Wasser und Eier unterrühren, bis ein geschmeidiger Teig entsteht. Eine leicht gefettete Pfanne erhitzen. Mit ca. 4 Eßlöffeln Teig den Boden bedecken. Bei mittlerer Hitze backen, bis sich der Teigrand nach oben biegt. Pfannkuchen wenden, von der anderen Seite backen. Gesamten Teig so ausbacken.

2 Für die Füllung das Öl im Wok erhitzen. Ei, Lauchzwiebel und Krebsfleisch darin kurz anbraten. Sherry zugießen, mit Salz und Pfeffer würzen. Speisestärke mit 2 Eßlöffeln Wasser anrühren, zur Füllung gießen und aufkochen. Von der Kochstelle nehmen, abkühlen lassen.

3 Mehl mit 1 Eßlöffel Wasser verrühren. Jeweils 2 Eßlöffel Füllung auf eine Hälfte der Teigplatten geben. Andere Teighälfte darüber, die Seiten nach innen einschlagen. Aufrollen und mit der Mehlpaste verschließen.

4 Öl im Wok erhitzen, bis ein Brotstückchen darin in 30 Sekunden bräunt (180–190 Grad). Röllchen darin portionsweise goldbraun fritieren. Auf Küchenpapier abtropfen lassen, in Stücke schneiden und sofort servieren.

6–8 PORTIONEN

Vorbereitungszeit: ca. 30 Minuten

Garzeit: ca. 10 Minuten

KREBSFLEISCH MIT INGWER

- 2 Eßlöffel Sherry
- 1 Eßlöffel klare Brühe (siehe Seite 35) oder Wasser
- 2 Eßlöffel Speisestärke
- 1 großer Krebs (in Stücke zerteilt, Scheren und Beine geöffnet)
- 3 Eßlöffel Öl
- 2 cm frische Ingwerwurzel (geschält und fein gehackt)
- 4 Lauchzwiebeln (fein gehackt)
- 1 Teelöffel Salz
- 1 Eßlöffel Sojasoße
- 2 Teelöffel Zucker

1 1 Eßlöffel Sherry mit Brühe oder Wasser und Stärke vermischen. Über das Krebsfleisch gießen und ein paar Minuten marinieren.

2 Öl im Wok stark erhitzen. Krebsfleisch darin ca. 1 Minute anbraten, dabei mehrmals wenden.

3 Ingwer, Lauchzwiebeln, Salz, Sojasoße, Zucker und den restlichen Sherry zufügen. Unter ständigem Rühren ca. 5 Minuten garen. Falls die Mischung sehr trocken wird, etwas Wasser zugießen. Sofort servieren.

2–4 PORTIONEN

Vorbereitungszeit: ca. 20 Minuten

Garzeit: 8–10 Minuten

MEERESFRÜCHTE IM TEIGMANTEL

- 2 Teelöffel Knoblauchmischung (siehe Seite 7)
- 2 Teelöffel thailändische Fischsoße
- 500 g Meeresfrüchte, z.B. Garnelen (roh, geschält, ohne dunklen Faden (Darm)) und Tintenfischringe

TEMPURA-TEIG:

- 1 Ei
- 120 g Mehl
- 2 Eßlöffel Speisestärke
- 1 Teelöffel Backpulver

AUSSERDEM:

- Öl zum Fritieren
- Petersilie oder Koriandergrün, zum Garnieren

1 Knoblauchmischung und Fischsoße in einer flachen Schüssel verrühren. Meeresfrüchte zugeben und wenden. Zirka 5 Minuten marinieren.

2 Für den Teig Ei und 150 ml kaltes Wasser in einer Schüssel leicht verschlagen. Mehl, Speisestärke, Backpulver mischen und zugeben. Nicht zu lange rühren, denn der Teig soll keine ganz glatte Konsistenz bekommen.

3 Meeresfrüchte aus der Marinade nehmen, kurz in den Teig tauchen. Beiseite stellen. Das Öl im Wok so lange erhitzen, bis ein Brotstückchen darin in 30 Sekunden bräunt (180–190 Grad).

4 Meeresfrüchte portionsweise darin fritieren, dabei soll sich der Teigmantel etwas aufblähen. Mit dem Schaumlöffel herausheben, auf Küchenpapier abtropfen lassen. In eine Schale füllen, mit Petersilie oder Koriander garnieren.

4 PORTIONEN

Vorbereitungszeit: ca. 25 Minuten
Garzeit: 5–10 Minuten

MEERESFRÜCHTE MIT GEMÜSE

- 200 g Garnelen (roh, geschält und ohne dunklen Faden (Darm)
- 4–6 Jakobsmuscheln (in Scheiben geschnitten)
- 1 Eiweiß
- 2 Teelöffel Speisestärke
- Öl, zum Fritieren
- 3 Stangen Staudensellerie (in Scheiben)
- 1 rote Paprikaschote (in Streifen)
- 1–2 Möhren (in Scheiben)
- 2 Scheiben frische Ingwerwurzel (geschält und fein gehackt)
- 2–3 Lauchzwiebeln (gehackt)
- 2 Eßlöffel Sherry
- 1 Teelöffel helle Sojasoße
- 2 Teelöffel gelbe Bohnenpaste
- 1 Teelöffel Salz
- 1 Teelöffel geröstetes Sesamöl

1 Kleine Garnelen ganz lassen, große in 2–3 Stücke zerteilen. Mit Muscheln, Eiweiß und 1 Teelöffel Speisestärke in einer Schüssel gut mischen.
2 Öl im Wok erhitzen, bis ein Brotstückchen darin in 30 Sekunden bräunt (180–190 Grad). Muscheln und Garnelen ins Fett geben und ca. 1 Minute unter ständigem Rühren fritieren. Mit dem Schaumlöffel herausnehmen, auf Küchenpapier abtropfen lassen.
3 Öl bis auf 2 Eßlöffel aus dem Wok gießen. Gemüse, Ingwer und Lauchzwiebeln im verbliebenen Fett ca. 1 Minute bei starker Hitze anbraten. Garnelen und Muscheln wieder zugeben. Sherry, Sojasoße, Bohnenpaste und Salz unterrühren.

4 Restliche Speisestärke mit wenig Wasser verrühren, in den Wok geben und aufkochen. Mit Sesamöl beträufeln, sofort servieren.

3–4 PORTIONEN
Vorbereitungszeit: ca. 20 Minuten
Garzeit: ca. 5 Minuten

WÜRZIGE FISCHKÜCHLEIN

- 500 g Kabeljaufilet (ohne Haut, in Stücke geschnitten)
- 3 Eßlöffel rote Currypaste (siehe Seite 8)
- 1 Ei
- 3 Eßlöffel thailändische Fischsoße
- 1–2 Eßlöffel Reismehl
- 100 g grüne Bohnen (fein gehackt)
- 1 Eßlöffel Limettenblätter (fein gehackt)
- Öl, zum Fritieren

ZUM SERVIEREN:

- Korianderzweige
- Chilisoße (Fertigprodukt)

1 Fischfiletstücke mit der roten Currypaste in der Küchenmaschine, im Mixer oder im Mörser zu einer geschmeidigen Paste verarbeiten.

2 Fischmischung in eine Schüssel geben. Ei, Fischsoße und so viel Mehl zugeben, daß beim Kneten mit den Händen ein fester Teig entsteht. Bohnen und Limettenblätter untermischen.

3 Aus dem Fischteig 16–20 Bällchen formen, diese mit der Hand zu ca. 1 cm dicken Plätzchen flach drücken.

4 Öl im Wok erhitzen. Die Fischplätzchen portionsweise ca. 4 Minuten auf jeder Seite goldbraun fritieren. Sie sollen gar, aber nicht verkocht sein. Auf Küchenpapier abtropfen lassen. Mit Korianderzweigen und Chilisoße anrichten. Heiß servieren.

4–5 PORTIONEN

Vorbereitungszeit: ca. 20 Minuten

Garzeit: 8–10 Minuten

FISCH MIT SÜSS-SAURER SOSSE

- 4 ganze küchenfertige Fische (je 250 g; z.B. Forellen, Saiblinge oder Brassen)
- 1 Teelöffel Salz
- 2 Eßlöffel Weizenmehl (Type 405)
- Öl, zum Fritieren
- 3 Eßlöffel Öl
- 5 getrocknete, chinesische Pilze (20 Minuten in warmem Wasser eingeweicht)
- 50 g Bambussprossen (gewürfelt)
- 3 Knoblauchzehen (durch die Presse gedrückt)
- 4 Lauchzwiebeln (gehackt)
- 2 cm frische Ingwerwurzel (geschält und fein gehackt)
- 30 g Wasserkastanien (in Scheiben geschnitten)

SOSSE:

- 1 Eßlöffel Speisestärke
- 2 Eßlöffel helle Sojasoße
- 2 Eßlöffel Sherry
- 1 Eßlöffel brauner Zucker
- 1 Eßlöffel Essig
- 1 Eßlöffel Tomatenmark
- 4 Eßlöffel Brühe

1 Fisch waschen, trockentupfen. Mit einem scharfen Messer die Fische auf beiden Seiten diagonal in Abständen von 2 cm einschneiden. Mit etwas Salz bestreuen und mit Mehl bestäuben.
2 Öl im Wok erhitzen, bis ein Brotstückchen darin in 30 Sekunden bräunt (180–190 Grad). Ganze Fische in zwei Portionen darin 6–8 Minuten fritieren. Nach der Hälfte der Garzeit die Fische wenden. Herausnehmen, auf Küchenpapier abtropfen lassen, warm stellen.
3 Öl aus dem Wok gießen, mit Küchenpapier auswischen. 3 Eßlöffel Öl im Wok erhitzen. Pilze abtropfen lassen, Wasser ausdrücken und Stiele entfernen. Pilzköpfe, Bambussprossen, Knoblauch, Lauchzwiebeln, Ingwer und Wasserkastanien in den Wok geben. 3–4 Minuten bei starker Hitze braten.
4 Für die Soße alle Zutaten mischen und in den Wok zum Gemüse gießen. Unter ständigem Rühren bei mittlerer Hitze aufkochen, andicken lassen. Fisch auf vorgewärmten Tellern anrichten, Soße darüber gießen.

4 PORTIONEN
Vorbereitungszeit: ca. 15 Minuten
Garzeit: ca. 15 Minuten

SEETEUFEL MIT PILZEN UND ZUCKERERBSEN

Seeteufel hat einen unverwechselbaren Geschmack, der an Hummer erinnert. Sein festes Fleisch ist ideal zum Braten und Grillen, darüberhinaus ist es grätenfrei! Hier wird der Fisch mit einfachen, preiswerten Zutaten zubereitet, damit dieses Gericht nicht allzu teuer wird. Statt Seeteufel können Sie auch Seehecht nehmen.

- 2½ cm frische Ingwerwurzel (geschält und fein gehackt)
- 1 Knoblauchzehe (durch die Presse gedrückt)
- 3 Eßlöffel Sojasoße
- fein abgeriebene Schale und Saft von 1 großen Zitrone
- ½ Teelöffel Fünf-Gewürz-Pulver
- 400 g Seeteufelfilet (in mundgerechte Stücke geschnitten)
- 2 Eßlöffel Öl
- 2 Eßlöffel Sesamöl
- 250 g Champignons (in Scheiben geschnitten)
- 250 g Zuckererbsen (geputzt)
- Petersilie, zum Garnieren

1 Für die Marinade Ingwer, Knoblauch, Sojasoße, Zitronenschale und Zitronensaft sowie Fünf-Gewürz-Pulver in einer Schüssel mischen. Fischstücke zugeben und darin wenden. Zugedeckt ca. 30 Minuten marinieren, dabei ab und zu umrühren.

2 Je 1 Eßlöffel Öl und Sesamöl bei mittlerer Hitze im Wok erhitzen. Pilze und Zuckerschoten darin 3–4 Minuten anbraten, bis aus den Pilzen Flüssigkeit austritt. In eine Schüssel geben und beiseite stellen.

3 Restliches Öl zugeben und erhitzen. Fisch mit dem Schaumlöffel aus der Marinade nehmen, in den Wok geben. Zirka 5 Minuten braten. Dann Pilze, Zuckererbsen und Pilzflüssigkeit wieder in den Wok geben. Marinade darüber gießen, alles bei starker Hitze unter ständigem Rühren erhitzen. Mit Petersilie garnieren. Sofort servieren.

3–4 PORTIONEN

Vorbereitungszeit: ca. 40 Minuten
Garzeit: ca. 12 Minuten

GEMÜSE-GERICHTE

GEMÜSE MIT GLASNUDELN

150 g Glasnudeln
8 getrocknete Shiitake-Pilze (20 Minuten in warmem Wasser eingeweicht)
3 Eßlöffel Sonnenblumenöl
250 g Chinakohl (Blätter klein gezupft)
1 Prise Salz
1 große Möhre (in dünnen Scheiben)
150 g Spinat (blanchiert und gehackt)

Sosse:
1 Eßlöffel Sesamöl
1 Eßlöffel Sojasoße
2 Teelöffel Zucker
2 Teelöffel Sesamsamen
Salz

1 Reichlich Wasser in einem Topf zum Kochen bringen. Glasnudeln in heißem Wasser ca. 5 Minuten einweichen, bis sie biegsam werden, dann im kochenden Wasser in ca. 3 Minuten weich garen. Nudeln abgießen, gut abtropfen lassen, beiseite stellen.
2 Pilze abtropfen lassen, restliches Wasser leicht ausdrücken. Eventuell harte Stengel entfernen, Pilze beiseite stellen.
3 2 Eßlöffel Öl im Wok erhitzen. Kohl darin ca. 2 Minuten anbraten, salzen und wieder herausnehmen. Restliches Öl im Wok erhitzen, die Möhre darin ca. 1 Minute anbraten. Kohl, Spinat und Pilze in den Wok geben. Alles ca. 2 Minuten braten.
4 Für die Soße Sesamöl, Sojasoße, Zucker, Sesamsamen und wenig Salz in einem Topf gut verrühren. Bei mittlerer Hitze aufkochen und in den Wok zum Gemüse geben. Glasnudeln zufügen, alles unter ständigem Rühren erhitzen und sofort servieren.

4 PORTIONEN
Vorbereitungszeit: ca. 10 Minuten
Garzeit: ca. 15 Minuten

GEBRATENES GEMÜSE

- 5-6 getrocknete chinesische Pilze (20 Minuten in warmem Wasser eingeweicht) oder 50 g Champignons
- 4 Eßlöffel Öl
- 250 g Chinakohl (in dünne Streifen geschnitten)
- 200 g Möhren (in dünne, schräge Stücke geschnitten)
- 150 g grüne Bohnen (halbiert)
- Salz
- 1 Teelöffel Zucker
- 1 Eßlöffel helle Sojasoße

1 Pilze abtropfen lassen und Wasser ausdrücken. Eventuell harte Stengel entfernen, die Hüte in Streifen schneiden. Oder Champignons putzen und in Scheiben schneiden.
2 Öl im Wok so lange erhitzen, bis es raucht. Chinakohl und Möhren darin ca. 30 Sekunden anbraten.
3 Bohnen und Pilze zufügen, weitere 30 Sekunden braten. Etwas Salz und Zucker zugeben. Alles gut vermischen. Sojasoße unterrühren und ca. 1 Minute kochen. Auf einem vorgewärmten Servierteller anrichten und sofort servieren.

3-4 PORTIONEN
Vorbereitungszeit: ca. 10 Minuten
Garzeit: 3–4 Minuten

ARTISCHOCKEN-PAPRIKA-GEMÜSE

Gegrillte rote Paprikaschoten sind angenehm weich und haben einen süßlichen Geschmack, der ein bißchen an Geräuchertes erinnert. Wenn Sie wenig Zeit haben, können Sie die Paprikaschote auch einfach nur ein paar Minuten länger im Wok anbraten, anstatt sie auf dem Grill oder im Ofen zu rösten.

- 1 große rote Paprikaschote
- 2 Eßlöffel Olivenöl
- 1 Zwiebel (fein gehackt)
- 2 cm frischer Ingwer (geschält und fein gehackt)
- 1 Knoblauchzehe (durch die Presse gedrückt)
- 300 g Artischockenherzen (aus der Dose, abgetropft und zerkleinert)
- 1 Eßlöffel Balsamico-Essig
- Salz und Pfeffer
- ein paar Basilikumblätter, zum Garnieren

1 Paprikaschote im Ofen grillen, bis die Haut schwarze Blasen aufweist. Dabei häufig wenden. Sofort in einen Gefrierbeutel geben, diesen gut verschließen und die Schote darin abkühlen lassen.
2 Paprika herausnehmen und die Haut abziehen. Die Frucht halbieren, putzen, waschen und mit Küchenpapier trockentupfen. Dann in dünne Streifen schneiden und beiseite stellen.
3 Das Öl bei mittlerer Hitze im Wok erhitzen. Zwiebel, Ingwer und Knoblauch darin 2–3 Minuten anbraten. Artischocken und Paprikastreifen zugeben und bei starker Hitze unter ständigem Rühren erhitzen. Balsamico-Essig darüber träufeln, mit Salz und Pfeffer würzen. Das Gemüse mit Basilikumblättern garnieren und sofort servieren.

4 PORTIONEN
Vorbereitungszeit: ca. 35 Minuten
Garzeit: ca. 5 Minuten

CHINESISCHER GEMÜSETOPF

- 5-6 getrocknete chinesische Pilze (20 Minuten in warmem Wasser eingeweicht)
- Salz
- 250 g fester Tofu (gewürfelt)
- 4 Eßlöffel Öl
- 150 g Möhren (in Scheiben geschnitten)
- 150 g Zuckererbsen (geputzt)
- 150 g Chinakohl (Blätter in Streifen geschnitten)
- 2 Lauchzwiebeln (in ca. 1 cm lange Stücke geschnitten)
- 150 g Bambussprossen (in Stücke geschnitten)
- 1 Teelöffel Zucker
- 1 Eßlöffel helle Sojasoße
- 1 Teelöffel Speisestärke
- 1 Teelöffel geröstetes Sesamöl

1 Getrocknete Pilze abtropfen lassen und Wasser ausdrücken. Eventuell harte Stengel entfernen, die Hüte in Streifen schneiden.
2 Leicht gesalzenes Wasser in einem Topf aufkochen. Tofu darin 2–3 Minuten kochen, bis er fest ist. Mit dem Schaumlöffel herausnehmen und auf Küchenpapier abtropfen lassen.
3 Die Hälfte des Öls im Wok erhitzen. Tofu darin auf beiden Seiten leicht anbraten. Mit dem Schaumlöffel herausnehmen und beiseite stellen. Restliches Öl im Wok erhitzen. Gemüse darin ca. 2 Minuten anbraten. Tofu, wenig Salz, Zucker und Sojasoße unterrühren. Zugedeckt bei mittlerer Hitze ca. 3 Minuten schmoren.
4 Inzwischen die Speisestärke mit 1 Eßlöffel kaltem Wasser anrühren und unter das Gemüse im Wok mischen. Die Soße bei starker Hitze unter ständigem Rühren einkochen. Sesamöl darüber träufeln und sofort servieren.

4 PORTIONEN
Vorbereitungszeit: ca. 20 Minuten
Garzeit: ca. 15 Minuten

VARIATION

CHINESISCHER BAMBUS-SPROSSENTOPF

3 Eßlöffel Öl im Wok erhitzen. 400 g Bambussprossen (aus der Dose, abgetropft und in dünne Streifen geschnitten) darin goldbraun braten. 1 Eßlöffel Sherry, 2 Eßlöffel Sojasoße und 1 Teelöffel Zucker unter ständigem Rühren untermischen. Dann 3 Eßlöffel kochendheißes Wasser zugießen und alles 7–8 Minuten köcheln lassen, bis die Flüssigkeit verdampft ist. 1 Eßlöffel Sesamöl unterrühren, heiß servieren.

GEMISCHTES GEMÜSE

- 3 Eßlöffel Öl
- 1 Knoblauchzehe (durch die Presse gedrückt)
- 150 g Chinakohl (in Streifen geschnitten)
- 150 g Blumenkohl (in Röschen)
- 150 g Brokkoli (in Röschen)
- 1/2 Teelöffel Pfeffer
- 2 Eßlöffel Austernsoße
- 150 ml Hühner- oder Gemüsebrühe
- 2 Möhren (in dünne Streifen geschnitten)
- 150 g Champignons (in Scheiben geschnitten)
- 1 Zwiebel (in halbe Ringe geschnitten)
- 50 g frische Sojabohnensprossen

1 Öl im Wok erhitzen. Knoblauch darin bei mittlerer Hitze goldbraun braten. Nicht zu braun werden lassen.
2 Chinakohl, Blumenkohl und Brokkoli zufügen. Mit gemahlenem Pfeffer würzen. Austernsoße und Brühe zugießen. Alles unter ständigem Rühren ca. 3 Minuten garen.
3 Möhren, Pilze, Zwiebel und Sojabohnensprossen zugeben und ca. 2 Minuten mitbraten. Das Gemüse auf einem großen Teller oder einer Platte anrichten und sofort servieren.

4 PORTIONEN
Vorbereitungszeit: ca. 15 Minuten
Garzeit: 6–7 Minuten

VARIATION

GEBRATENE SOJABOHNEN-SPROSSEN

500 g frische Sojabohnensprossen waschen, abtropfen lassen. 250 g grüne Bohnen putzen, halbieren. 3–4 Eßlöffel Öl im Wok erhitzen, bis es raucht. 1 gehackte Lauchzwiebel darin anbraten. Bohnen zugeben, ca. 2 Minuten anbraten. Sojasprossen, 1 Teelöffel Zucker, etwas Salz unterrühren. Alles 1 weitere Minute braten. Mit Sesamöl beträufeln, heiß servieren.

SÜSS-SAURES GEMÜSE MIT ANANAS

- 1 kleine Dose Ananasstücke (Füllmenge ca. 250 g)
- 4 Eßlöffel süß-saure Soße (Fertigprodukt)
- 2 Eßlöffel Öl
- 2 Möhren (in dünne Streifen geschnitten)
- 1 Fenchelknolle (in sehr dünne Streifen geschnitten, das Grün beiseite gelegt)
- je 1 rote und 1 grüne Paprikaschote (in dünne Streifen geschnitten)
- 150 g Sojabohnensprossen
- 200 g Chinakohl (in Streifen geschnitten)
- Salz und Pfeffer
- gehackte Nußkerne (z.B. Cashew-, Macadamia- oder Erdnußkerne), zum Garnieren nach Wunsch

1 Ananasstückchen in ein Sieb geben und abtropfen lassen, den Saft auffangen. Süß-saure Soße mit 3 Eßlöffeln Ananassaft vermischen und beiseite stellen.

2 Öl bei mittlerer Hitze im Wok erhitzen. Möhren, Fenchel, rote und grüne Paprika darin 3–4 Minuten anbraten, bis das Gemüse fast gar ist.

3 Süß-saure Ananassoße untermischen und bei starker Hitze aufkochen. Die Ananasstücke und die Sojabohnensprossen zufügen. Zirka 1 Minute mitkochen. Chinakohl zugeben und ebenfalls ca. 1 Minute unter ständigem Rühren erhitzen. Mit Salz und Pfeffer abschmecken. Das süß-saure Gemüse nach Wunsch mit gehackten Nüssen bestreuen und mit Fenchelgrün garnieren. Sofort servieren.

4-6 PORTIONEN
Vorbereitungszeit: ca. 20 Minuten
Garzeit: ca. 8 Minuten

PAPRIKA-MAIS-GEMÜSE IN SÜSS-SAURER-SOSSE

Besonders zartes, kleines Gemüse können Sie im Wok hervorragend im Ganzen garen, insbesondere, wenn es vorher kurz blanchiert wurde.

- 200 g kleine Bundmöhren (falls nötig abgeschabt)
- Salz
- 200 g kleine, zarte Maiskolben
- 2 Eßlöffel Öl
- 1 große, rote Paprikaschote (geputzt und in dünne Streifen geschnitten)
- 1 Zwiebel (in dünne Scheiben geschnitten)
- 1 Knoblauchzehe (durch die Presse gedrückt)
- 4 Eßlöffel gelbe Bohnenpaste
- 1 Eßlöffel trockener Sherry oder Sherryessig
- Pfeffer
- Petersilie zum Garnieren

1 Möhren in kochendem Salzwasser ca. 2 Minuten blanchieren. Mit dem Schaumlöffel herausnehmen. Unter fließendem, kaltem Wasser sofort abspülen und abtropfen lassen. Mais wie die Möhren vorbereiten.

2 Öl bei mittlerer Hitze im Wok erhitzen. Paprika, Zwiebel und Knoblauch darin 2–3 Minuten braten, bis das Gemüse bißfest ist. Möhren und Mais zufügen. Bei starker Hitze weitere 3–4 Minuten unter Rühren braten.

3 Gelbe Bohnenpaste und Sherry oder Sherryessig zugeben. Alles unter Rühren erhitzen, bis Soße und das Gemüse gut vermischt sind. Mit Salz und Pfeffer abschmecken. Mit Petersilie garnieren und sofort servieren.

4 PORTIONEN

Vorbereitungszeit: ca. 10 Minuten

Garzeit: ca. 12 Minuten

GEBRATENE PILZE

- 50 g getrocknete Shiitake-Pilze (20 Minuten in warmem Wasser eingeweicht)
- 1 Eßlöffel Öl
- 2 cm frische Ingwerwurzel (geschält und fein gehackt)
- 2 Lauchzwiebeln (fein gehackt)
- 1 Knoblauchzehe (durch die Presse gedrückt)
- 250 g Champignons (in Scheiben)
- 200 g Strohpilze (aus der Dose, abgetropft)
- 1 Teelöffel Bohnenpaste mit Chili oder Chilipulver
- 2 Teelöffel trockener Sherry
- 2 Teelöffel dunkle Sojasoße
- 1 Eßlöffel Hühnerbrühe
- 1 Prise Zucker
- 1 Prise Salz
- 1 Teelöffel geröstetes Sesamöl

1 Eingeweichte Pilze abtropfen lassen und das Wasser ausdrücken. Harte Stiele entfernen.
2 Öl bei mittlerer Hitze im Wok erhitzen. Ingwer, Lauchzwiebeln und Knoblauch darin nur ganz kurz anbraten.
3 Ausgedrückte Pilze und Champignons zugeben. Unter ständigem Rühren ca. 5 Minuten braten.
4 Dann Strohpilze, Bohnenpaste mit Chili oder Chilipulver, Sherry, Sojasoße, Hühnerbrühe, Zucker, Salz und Sesamöl unterrühren. Zirka 5 Minuten unter ständigem Rühren braten. Sofort servieren.

4 PORTIONEN
Vorbereitungszeit: ca. 5 Minuten
Garzeit: ca. 10 Minuten

VARIATION
KNOBLAUCH-PILZE

2 Eßlöffel Öl und 15 g Butter im Wok erhitzen. 350 g gemischte Pilze (in dünne Scheiben geschnitten) und 3–4 Knoblauchzehen (durch die Presse gedrückt) darin anbraten. Mit Salz und Pfeffer würzen. 2–3 Eßlöffel Reiswein oder trockenen Sherry zugießen, bei starker Hitze 4–5 Minuten braten. 3 Eßlöffel gehackte Petersilie unterrühren.

KNUSPRIGES MEERESGEMÜSE

Purpurfarbenes Nori, Hijiki und Kombu sind die Algen, die in der chinesischen Küche am häufigsten verwendet werden. Meist werden daraus zusammen mit anderen Gemüsesorten Suppen zubereitet. Algen sollten Sie vor der Verwendung mindestens 20 Minuten, am besten jedoch die ganze Nacht, einweichen. Außerdem müssen sie vor und nach dem Einweichen gut abgespült werden. In diesem Gericht wird zerkleinertes Nori fritiert und erhält dadurch eine wunderbar knusprige Konsistenz.

- 750 g Nori (fein gehackt und eingeweicht)
- Öl, zum Fritieren
- 1½ Teelöffel Zucker
- 1 Teelöffel Salz

1 Nori auf Küchenpapier ausbreiten und ca. 30 Minuten gut trocknen lassen.
2 Öl im Wok so lange erhitzen, bis ein Brotstückchen darin in 30 Sekunden bräunt (180–190 Grad). Wok für 30 Sekunden von der Kochstelle nehmen und etwas Nori hineingeben. Wok zurück auf die Kochstelle geben und das Nori bei mittlerer Hitze so lange fritieren, bis es an der Oberläche schwimmt. Vorsicht beim Fritieren: Es kann heißes Öl aus dem Wok spritzen.
3 Nori mit dem Schaumlöffel herausnehmen und auf Küchenpapier abtropfen lassen. Die restlichen Algen portionsweise wie beschrieben fritieren. Das fritierte Nori in eine Schüssel geben, mit Zucker und Salz bestreuen, gut mischen und warm oder kalt servieren.

8 PORTIONEN
Vorbereitungszeit: ca. 40 Minuten
Garzeit: ca. 10 Minuten

VARIATION
GEBRATENER SALAT

In diesem Rezept behält der Salat sowohl seine grüne Farbe als auch seine Festigkeit.

Die äußeren Blätter von 1 großen Kopf Romanasalat entfernen, die übrigen ablösen und gut waschen. Blätter gut trockentupfen, große Blätter in 2–3 Stücke zupfen. 2–3 Eßlöffel Sonnenblumenöl im Wok erhitzen. 1 Teelöffel Salz und die Salatblätter unter ständigem Rühren zufügen. Sobald die Salatblätter beginnen, zusammenzufallen, diese auf einem Servierteller anrichten und sofort servieren.

AUBERGINEN IN DUFTENDER SOSSE

- Öl, zum Fritieren
- 1 Aubergine (geschält und in Stücke geschnitten)
- 2 Lauchzwiebeln (fein gehackt)
- 1 Scheibe frischer Ingwer (fein gehackt)
- 1 Knoblauchzehe (fein gehackt)
- 200 g Schweinefilet (in dünne Streifen geschnitten)
- 1 Eßlöffel Sojasoße
- 2 Eßlöffel trockener Sherry
- 2 Teelöffel Chilisoße
- 1 Teelöffel Speisestärke

1 Öl im Wok erhitzen. Auberginenstücke darin 1–2 Minuten goldbraun braten. Mit dem Schaumlöffel herausnehmen und auf Küchenpapier abtropfen lassen.

2 Öl bis auf 1 Eßlöffel aus dem Wok gießen. Lauchzwiebeln, Ingwer, Knoblauch und Fleisch im verbliebenen heißen Öl anbraten. Sojasoße, Sherry und Chilisoße unterrühren. Aubergine zugeben und alles 1–2 Minuten braten.

3 Speisestärke mit wenig Wasser anrühren und unter Fleisch und Gemüse mischen. Wenn die Soße etwas eingekocht ist, Wok von der Kochstelle nehmen. Sofort servieren.

2–3 PORTIONEN

Vorbereitungszeit: ca. 15 Minuten

Garzeit: 5–7 Minuten

GEBRATENE GRÜNE BOHNEN

- 3 Eßlöffel Öl
- 2 Knoblauchzehen (fein gehackt)
- 2 Schalotten (in feine Ringe geschnitten)
- 1 cm frische Ingwerwurzel (geschält und gehackt)
- 1 rote Chilischote (entkernt und fein gehackt)
- ½ Teelöffel Salz
- 500 g grüne Bohnen (geputzt und ohne Fäden, in 5 cm lange Stücke geschnitten)
- 50 g Cashewkerne (ungesalzen)
- ⅛ l Hühnerbrühe
- 2 Eßlöffel trockener Sherry
- 1 Eßlöffel helle Sojasoße
- 1 Teelöffel Essig
- 1 Teelöffel Zucker
- schwarzer Pfeffer

1 Öl im Wok erhitzen. Knoblauch, Schalotten und Ingwer darin bei mittlerer Hitze ca. 1 Minute anbraten. Die Chilischote und Salz unterrühren. Weitere 30 Sekunden braten.
2 Grüne Bohnen und Nüsse zugeben, ca. 1 Minute braten, bis die Nüsse etwas gebräunt sind.
3 Brühe, Sherry, Sojasoße, Essig und Zucker zugeben. Aufkochen. Bei mittlerer Hitze unter ständigem Rühren ca. 4 Minuten braten, bis die Bohnen gar sind und die Soße eingekocht ist. Auf einem Servierteller anrichten, mit Pfeffer bestreuen und sofort servieren.

4 PORTIONEN
Vorbereitungszeit: ca. 10 Minuten
Garzeit: 7–8 Minuten

NUDELN & REIS

GEBRATENE GLASNUDELN

ca. ½ l Öl zum Fritieren plus 6 Eßlöffel
150 g Glasnudeln
1 Ei (verschlagen)
3 Schalotten (fein gewürfelt)
4 Knoblauchzehen (fein gewürfelt)
50 g Garnelen (roh, geschält und der Länge nach halbiert)
50 g Hähnchenbrustfilet (dünn geschnitten)
2 Eßlöffel Tamarindenwasser (siehe Seite 84)
4 Eßlöffel brauner Zucker
1 Eßlöffel helle Sojasoße
1 Eßlöffel thailändische Fischsoße

Zum Garnieren:
1 rote Chilischote (entkernt, in Ringe geschnitten)
½ Bund Koriandergrün (gehackt)

1 Öl zum Fritieren im Wok auf 180–190 Grad erhitzen. Es ist heiß genug, wenn eine Nudel, die hineingeworfen wird, sofort aufplatzt. Dann alle Nudeln ins Öl geben und so lange fritieren, bis sie nicht mehr durchsichtig sind. Mit dem Schaumlöffel herausheben und auf Küchenpapier abtropfen lassen. Nudeln offen warm stellen, damit sie knusprig bleiben. Öl aus dem Wok abgießen.
2 Wenig Öl in einer kleinen Pfanne erhitzen. Das Ei hineingeben und zu einem dünnen Omelett backen, aufrollen und in dünne Streifen schneiden. Warm stellen.
3 Restliches Öl im Wok erhitzen. Schalotten und Knoblauch darin goldbraun dünsten. Herausnehmen, auf Küchenpapier abtropfen lassen und warm stellen. Garnelen und Fleisch im Wok 3–5 Minuten braten. Öl abgießen.
4 Tamarindenwasser, Zucker, Sojasoße und Fischsoße unterrühren. Zirka 5 Minuten kochen, bis die Mischung sirupartig wird. Nudeln, Schalotten, Knoblauch zugeben. Mischen und bei sehr schwacher Hitze 2–3 Minuten kochen. Auf einem Teller anrichten, Omelettstreifen obenauf geben, mit Chilischoten und Koriandergrün garnieren.

4 PORTIONEN
Vorbereitungszeit: ca. 15 Minuten
Garzeit: 17–18 Minuten

GLASNUDELN IN KOKOSNUSSMILCH

- 250 g Glasnudeln (ca. 10 Minuten in heißem Wasser eingeweicht)
- 2 Teelöffel Öl
- 2 Eier (verschlagen)
- ½ l Kokosnußmilch (siehe Seite 7)
- ½ Zwiebel (grob gehackt)
- 250 g Garnelen (roh, geschält)
- 4 Eßlöffel helle Sojasoße
- 2 Eßlöffel Zucker
- 1 Eßlöffel Zitronensaft
- 300 g frische Sojabohnensprossen
- 1 Bund Lauchzwiebeln (gehackt)

ZUM GARNIEREN:

- 2 rote Chilischoten (enkernt und geschnitten)
- 1 Zitrone (der Länge nach geschnitten)
- 1 Bund Koriandergrün (gehackt)

1 Wasser in einem großen Topf aufkochen. Glasnudeln darin ca. 3 Minuten kochen, ab und zu umrühren. Abtropfen lassen, beiseite stellen.
2 Öl in einer kleinen Pfanne erhitzen. Aus den Eiern ein Omelett backen. Während des Bratens die Pfanne leicht schwenken, damit noch nicht gestocktes Ei unter das Omelett fließen kann. Das fertige Omelett in dünne Streifen schneiden. Warm stellen.
3 Kokosnußmilch im Wok aufkochen. Bei starker Hitze so lange einkochen, bis sich das Kokosnußöl an der Oberfläche absetzt. Zwiebel, Garnelen, Sojasoße, Zucker und Zitronensaft im Wok ca. 5 Minuten kochen. Die Hälfte der Mischung in eine Schüssel geben und warm stellen.
4 Glasnudeln unter die Zutaten im Wok mischen. Die Hälfte der Sojabohnensprossen und Lauchzwiebeln unterrühren. Glasnudelmischung auf einem Servierteller anrichten. Die beiseite gestellte Garnelenmischung und die Omelettstreifen darübergeben. Mit Chilischoten, Zitrone, Koriandergrün garnieren, restliche Sojabohnensprossen und Lauchzwiebeln dazu reichen.

4 PORTIONEN
Vorbereitungszeit: ca. 15 Minuten
Garzeit: ca. 45 Minuten

GLASNUDELN MIT GRÜNEN BOHNEN

- 150 g grüne Bohnen (halbiert)
- Salz
- ca. ½ l Öl zum Fritieren plus 2 Eßlöffel
- 1 Zwiebel (fein gehackt)
- 2 Knoblauchzehen (durch die Presse gedrückt)
- 2 Hähnchenbrustfilets (in Streifen geschnitten)
- 1 Teelöffel scharfes Chilipulver, nach Wunsch
- 250 g frische oder tiefgekühlte Garnelen (gekocht und geschält oder aufgetaut und trockengetupft)
- 3 Eßlöffel Sojasoße
- 2 Eßlöffel thailändische Fischsoße
- 1 Eßlöffel Essig
- 2 Teelöffel Zucker
- 250 g Glasnudeln

ZUM GARNIEREN:

- ca. 50 g Sojabohnensprossen
- abgeriebene Schale von 2 Limetten oder 1 Orange
- Koriandergrün
- rote Chiliblume (siehe Seite 9)

1 Bohnen in kochendem Salzwasser ca. 2 Minuten blanchieren. Abgießen, mit kaltem Wasser abschrecken, gut abtropfen lassen. Beiseite stellen.

2 2 Eßlöffel Öl im Wok erhitzen. Zwiebel und Knoblauch darin 1–2 Minuten dünsten.

3 Hähnchen zugeben und bei starker Hitze 3–4 Minuten braten. Chilipulver darüber streuen, Garnelen zufügen, ca. 1 Minute mitbraten. Sojasoße, Fischsoße, Essig, Zucker unterrühren. In eine Schüssel füllen, warm stellen.

4 Wok mit Küchenpapier auswischen. Fritieröl darin erhitzen, bis ein Brotstückchen darin in 30 Sekunden bräunt (180–190 Grad). Trockene Glasnudeln in kleinen Mengen hineingeben. So lange fritieren, bis sie aufgehen, aber noch durchsichtig sind. Mit dem Schaumlöffel herausnehmen, auf Küchenpapier abtropfen lassen. Warm stellen.

5 Öl weggießen und Wok nochmals mit Küchenpapier auswischen. Bei starker Hitze Hähnchen-Garnelen-Mischung und die Bohnen unter Rühren gut erhitzen. ⅔ der Glasnudeln zugeben , ca. 30 Sekunden weiterrühren. Auf einem Servierteller anrichten. Mit den restlichen Glasnudeln, Koriandergrün und Chiliblume garnieren, sofort servieren.

4 PORTIONEN

Vorbereitungszeit: ca. 30 Minuten
Garzeit: ca. 20 Minuten

NUDELN NACH SZECHUAN-ART

- 250 g dünne Eiernudeln
- 250 g Schweinehackfleisch
- 2 Eßlöffel dunkle Sojasoße
- 1 Eßlöffel trockener Sherry
- Salz
- 4 Eßlöffel Erdnußöl oder ein anderes pflanzliches Öl
- 3 Knoblauchzehen (durch die Presse gedrückt)
- 2 ½ cm frische Ingwerwurzel (geschält und fein gehackt)
- 3 Lauchzwiebeln (gehackt)
- 2 rote Chilischoten (entkernt und fein gehackt)
- 1 Eßlöffel scharfe Sojabohnenpaste
- 1 Eßlöffel Erdnußbutter
- 200 ml Hühnerbrühe
- Pfeffer

1 Eiernudeln nach Packungsanweisung garen. Gut abtropfen lassen und entweder in 4 kleine Schüsseln oder 1 große füllen.

2 Hackfleisch, Sojasoße, Sherry und etwas Salz in einer Schüssel mischen. Öl im Wok erhitzen und das Fleisch darin krümelig braten. Mit einem Schaumlöffel herausnehmen und auf Küchenpapier abtropfen lassen.

3 Knoblauch, Ingwer, Lauchzwiebeln und 1 gehackte Chilischote im Wok ca. 1 Minute braten. Sojabohnenpaste und Erdnußbutter bei mittlerer Hitze unterrühren.

4 Hühnerbrühe zugießen, aufkochen und ca. 5 Minuten einkochen lassen. Hackfleisch unterrühren und bei schwacher Hitze ca. 1 Minute weiterkochen. Soße über den Nudeln verteilen und mit Pfeffer bestreuen. Mit den übrigen Chilischoten servieren.

4 PORTIONEN

Vorbereitungszeit: ca. 15 Minuten

Garzeit: ca. 10 Minuten

NUDELN MIT CRABMEAT

- 150 g Eiernudeln
- 2 Eßlöffel Öl
- 150 g Crabmeat (aus der Dose, abgetropft)
- 150 g Spinat oder Chinakohl (grob gehackt)
- 1 Teelöffel Sojasoße
- 1/4 l klare Brühe (siehe Seite 35)
- 1 Lauchzwiebel (fein gehackt), zum Garnieren

1 Eiernudeln nach Packungsanweisung in reichlich Wasser bißfest garen. Gut abtropfen lassen und auf einem vorgewärmten Servierteller anrichten. Warm stellen.
2 Öl im Wok erhitzen. Crabmeat und Spinat oder Chinakohl darin ca. 1 Minute anbraten.
3 Sojasoße und klare Brühe zugießen. 2–3 Minuten kochen, dabei ab und zu umrühren. Crabmeatsoße über die warmen Eiernudeln geben und mit der gehackten Lauchzwiebel garnieren. Sofort servieren.

2-3 PORTIONEN
Vorbereitungszeit: ca. 10 Minuten
Garzeit: ca. 15 Minuten

GLASNUDELN MIT MEERESFRÜCHTEN

- Öl zum Fritieren
- 50 g Glasnudeln (zerbrochen)

MEERESFRÜCHTE-SOSSE:
- 1 Eßlöffel Öl
- 1 Zwiebel (fein gehackt)
- 2 Knoblauchzehen (durch die Presse gedrückt)
- 250 g Garnelen (roh, geschält)
- 100 g Crabmeat (abgetropft, aus der Dose)
- 2 Teelöffel brauner Zucker
- 2 Eßlöffel Tamarindenwasser (siehe rechts)
- Salz
- 1 Eßlöffel Sojasoße

ZUM GARNIEREN:
- 2 Teelöffel fein abgeriebene Orangenschale
- 2 rote Chilischoten (entkernt und fein gehackt)
- Koriandergrün (gehackt)
- 150 g frische Sojabohnensprossen

1 Öl im Wok so lange erhitzen, bis ein Brotstückchen darin in 30 Sekunden bräunt (180–190 Grad). Glasnudeln in kleinen Mengen nur kurz, ca. 30 Sekunden, fritieren, bis sie aufgehen. Dann sofort mit dem Schaumlöffel herausnehmen und auf Küchenpapier abtropfen lassen. Fritieröl abgießen.
2 Für die Soße das Öl im Wok erhitzen. Zwiebel und Knoblauch darin in ein paar Minuten leicht anbraten.
3 Geschälte Garnelen und Crabmeat zugeben. 2–3 Minuten braten, bis sich die Garnelen rosa färben und das Fleisch fest ist. Braunen Zucker, Tamarindenwasser, etwas Salz und Sojasoße untermischen.
4 Fritierte Nudeln zugeben und gut verrühren. Abschmecken und alles nochmals erhitzen. Auf einem vorgewärmten Servierteller anrichten und mit Orangenschale, Chilischoten, Koriandergrün und Sojabohnensprossen garnieren. Heiß servieren.

4 PORTIONEN
Vorbereitungszeit: ca. 15 Minuten
Garzeit: ca. 10 Minuten

TAMARINDENWASSER

- 25 g getrocknete Tamarinde
- 150 ml warmes Wasser

1 Tamarinde waschen und in eine Schüssel geben. Warmes Wasser darüber gießen und 5–10 Minuten einweichen. Je länger die Einweichzeit ist, desto intensiver wird der Geschmack des Wassers.
2 Anschließend so viel Tamarindenmark wie möglich aus der Schale drücken. Dadurch entsteht eine dickflüssige Mischung. Diese durch ein Sieb drücken und sofort verwenden.
3 Zum Aufbewahren des Tamarindenwassers Flüssigkeit durch ein Sieb in einen Kochtopf gießen und aufkochen. Von der Kochstelle nehmen und im Topf abkühlen lassen. In eine Schüssel füllen und im Kühlschrank zugedeckt 3–4 Tage aufbewahren.

CHOW MEIN

Dieses bekannte Nudelgericht wurde von chinesischen Einwanderern in den USA erfunden. Von da aus begann es seinen Siegeszug in die westliche Welt. Sie können ganz nach Belieben Fleisch, Fisch oder Gemüse unter die Nudeln mischen.

- 150 g Glasnudeln
- 2 Eßlöffel Öl
- 3-4 Lauchzwiebeln (in dünne, schräge Stücke geschnitten)
- 2 1/2 cm frische Ingwerwurzel (geschält und fein gehackt)
- 1 Knoblauchzehe (durch die Presse gedrückt)
- 2 Hähnchenbrustfilets (in dünne Streifen geschnitten)
- 150 g Zuckererbsen (geputzt)
- 150 g gekochter Schinken (in dünne Streifen geschnitten)
- 100 g frische Sojabohnensprossen
- Pfeffer

SOSSE:

- 2 Teelöffel Speisestärke
- 8 Eßlöffel kalte Hühnerbrühe oder Wasser
- 2 Eßlöffel Sojasoße
- 2 Eßlöffel Reiswein oder trockener Sherry
- 2 Teelöffel geröstetes Sesamöl

1 Glasnudeln nach Packungsanweisung einweichen und garen. Nudeln abtropfen lassen, unter kaltem Wasser abspülen und beiseite stellen.

2 Für die Soße Speisestärke in einer Schüssel mit 2 Eßlöffel Brühe oder Wasser anrühren. Restliche Brühe oder Wasser, Sojasoße, Reiswein oder Sherry und Sesamöl unterrühren. Beiseite stellen.

3 Öl bei mittlerer Hitze im Wok erhitzen. Lauchzwiebeln, Ingwer und Knoblauch darin in 1–2 Minuten gar dünsten. Bei starker Hitze Hähnchenfleisch zugeben. 3–4 Minuten mitbraten, bis es von allen Seiten leicht gebräunt ist.

4 Die Zuckererbsen zufügen und in 1–2 Minuten bißfest garen. Schinken und Sojabohnensprossen untermischen. Soße nochmals verrühren, in den Wok gießen und unter ständigem Rühren aufkochen. Abgetropfte Nudeln dazugeben, alles gut vermischen und erhitzen. Nach Wunsch mit Pfeffer würzen und sofort servieren.

4 PORTIONEN

Vorbereitungszeit: ca. 30 Minuten
Garzeit: ca. 15 Minuten

NUDELN MIT GARNELENSOSSE

- 250 g chinesische Eiernudeln
- 25 g getrocknete chinesische Pilze (20 Minuten in warmem Wasser eingeweicht)
- 2 Eßlöffel Öl
- 200 g Hähnchenbrustfilet (gewürfelt)
- 1 Knoblauchzehe (durch die Presse gedrückt)
- 1 cm frische Ingwerwurzel (geschält und gehackt)
- 8 Lauchzwiebeln (in 1 cm große, schräge Stücke geschnitten)
- 250 g Garnelen (gekocht, geschält)
- 2 Eßlöffel Sojasoße
- 2 Eßlöffel trockener Sherry
- Salz
- 1/2 l klare Brühe (siehe Seite 35)
- 1–2 Eßlöffel Speisestärke
- 50 g gekochter Schinken (in Streifen geschnitten)

1 Nudeln nach Packungsanweisung bißfest garen. Gut abtropfen lassen und auf 6 Schüsseln verteilen. Warm stellen.

2 Pilze abtropfen lassen und Wasser ausdrücken. Stengel, falls nötig, entfernen, Hüte klein schneiden.

3 Öl im Wok erhitzen. Fleisch, Knoblauch und Ingwer darin 2–3 Minuten braten. Lauchzwiebeln und Pilze zugeben, ca. 2 Minuten mitbraten.

4 Garnelen, Sojasoße, Sherry, etwas Salz und klare Brühe zufügen. Aufkochen und bei schwacher Hitze ca. 5 Minuten köcheln lassen. Speisestärke mit wenig Wasser verrühren und in den Wok geben. Soße unter ständigem Rühren leicht andicken lassen. Über die Nudeln gießen, mit Schinken bestreuen und sofort servieren.

4–6 PORTIONEN
Vorbereitungszeit: ca. 10 Minuten
Garzeit: ca. 20 Minuten

GEBRATENE NUDELN MIT GEMÜSE

- 4 Eßlöffel Öl
- 2 Knoblauchzehen (durch die Presse gedrückt)
- 250 g mitteldicke Eiernudeln (knapp gar gekocht)
- 2 Teelöffel dunkle Sojasoße
- je 50 g Hähnchenbrust (geschnitten), Tintenfischringe und Garnelen (gekocht, geschält)
- ½ Teelöffel Pfeffer
- 2 Eßlöffel thailändische Fischsoße
- je 100 g Chinakohl (in Streifen geschnitten) und Brokkoliröschen
- 300 ml Hühnerbrühe
- 1 Eßlöffel Speisestärke
- 1 Eßlöffel helle Sojasoße
- 2 Eßlöffel Zucker

1 Die Hälfte des Öls im Wok erhitzen. Die Hälfte des Knoblauchs darin ca. 1 Minute goldbraun braten. Nudeln und Sojasoße zugeben. Unter ständigem Rühren ca. 3 Minuten kochen. Auf einem Servierteller anrichten und warm stellen.

2 Restliches Öl im Wok erhitzen und restlichen Knoblauch darin ca. 1 Minute goldbraun braten. Hähnchenfleisch, Tintenfisch, Garnelen, Pfeffer und Fischsoße zugeben. Zirka 5 Minuten braten.

3 Chinakohl und Brokkoliröschen in den Wok geben und ca. 3 Minuten mitbraten.

4 Hühnerbrühe zugießen. Speisestärke mit 2 Eßlöffeln Wasser anrühren und in den Wok geben. Helle Sojasoße und Zucker unterrühren. Aufkochen. Bei mittlerer Hitze unter ständigem Rühren andicken lassen. Soße über die Nudeln gießen und sofort servieren.

4 PORTIONEN

Vorbereitungszeit: ca. 10 Minuten
Garzeit: ca. 20 Minuten

REISNUDELN MIT FLEISCHSOSSE

- 1 Packung breite Reisnudeln (375 g)
- 2 Eßlöffel dunkle Sojasoße
- 4 Eßlöffel Öl
- 1 Knoblauchzehe (durch die Presse gedrückt)
- 300 g Rinderhackfleich
- ½ Eßlöffel thailändische Fischsoße
- ½ Eßlöffel Currypulver
- 1 Teelöffel Zucker
- ½ Teelöffel Pfeffer
- 1 kleine Zwiebel (gehackt)
- 2 Tomaten (gehäutet und gehackt)
- 350 ml Hühnerbrühe
- 1 Teelöffel Speisestärke
- 2 Eßlöffel helle Sojasoße

ZUM SERVIEREN:

- Chinakohlblätter
- Koriandergrün

1 Nudeln in warmem Wasser ca. 6 Minuten einweichen. Abtropfen lassen, in eine flache Schüssel geben. Sojasoße darüber träufeln und mit 2 Löffeln oder Stäbchen gut mischen.
2 2 Eßlöffel Öl im Wok erhitzen und die Nudelmischung darin 2–3 Minuten anbraten. Auf einen Servierteller geben und warm stellen.
3 Restliches Öl im Wok erhitzen. Knoblauch darin goldbraun braten. Rindfleisch, Fischsoße, Currypulver, Zucker und Pfeffer zugeben, gut verrühren.
4 Zirka 5 Minuten unter häufigem Rühren braten, bis das Fleisch gar und krümelig ist. Zwiebel, Tomaten sowie Brühe zugeben und alles offen bei schwacher Hitze 5–7 Minuten köcheln lassen. Speisestärke mit der hellen Sojasoße in einer Schüssel anrühren. Die Fleischmischung damit andicken.
5 Nudeln auf Chinakohlblättern anrichten, Soße darüber gießen.

6 PORTIONEN

Vorbereitungszeit: ca. 10 Minuten
Garzeit: ca. 12 Minuten

THAILÄNDISCHE GEBRATENE REISNUDELN

- 2 Eßlöffel Öl
- 1 Knoblauchzehe (durch die Presse gedrückt)
- 150 g Hähnchenbrustfilet (dünn geschnitten)
- 150 g Crabmeat (aus der Dose)
- 150 g Garnelen (roh, geschält und ohne schwarzen Faden (Darm))
- 150 g breite Reisnudeln (6- 8 Minuten in warmem Wasser eingeweicht, abgetropft)
- 2 Eßlöffel thailändische Fischsoße
- 2 Eßlöffel Zucker
- ½ Eßlöffel Zitronensaft
- ¼ Teelöffel Pfeffer
- 1 Eßlöffel getrocknete Garnelen (zerstoßen)
- ½ Teelöffel Chilipulver
- 2 Eßlöffel Erdnußkerne (geröstet und zerstoßen)
- 1 Ei
- 1 Bund Lauchzwiebeln (gehackt)
- 150 g frische Sojabohnensprossen

1 Öl im Wok erhitzen. Knoblauch darin ca. 1 Minute goldbraun braten. Hähnchenfleisch, Crabmeat sowie Garnelen zugeben und ca. 3 Minuten mitbraten. Reisnudeln, Fischsoße, Zucker, Zitronensaft und Pfeffer unterrühren, ca. 1 Minute weiter garen.
2 Getrocknete Garnelen, Chilipulver und Erdnüsse unter ständigem Rühren untermischen.
3 Ei in den Wok schlagen und weiterrühren. Lauchzwiebelgrün und Sojabohnensprossen zugeben. Zirka 3 Minuten kochen, bis das Ei gestockt ist und die Reisnudeln gar sind. Wenn die Reisnudeln noch zu hart sind, 2 Teelöffel Wasser zugießen und so lange weiterkochen, bis das Wasser aufgesogen ist. Sofort servieren.

4 PORTIONEN
Vorbereitungszeit: ca. 15 Minuten
Garzeit: ca. 10 Minuten

VARIATION

GEBRATENE REISNUDELN MIT RINDFLEISCH

Öl erhitzen und Knoblauch wie für das Hauptrezept braten. 100 g Rinderfiletstreifen zugeben, mit reichlich Pfeffer würzen und 4–6 Minuten mitbraten. Reisnudeln zufügen und ca. 3 Minuten kochen. 100 g zerkleinerte grüne Bohnen, 2 Teelöffel dunkle Sojasoße, 2 Eßlöffel thailändische Fischsoße, 2 Eßlöffel Zucker sowie 1 Ei untermischen und weitere 3 Minuten kochen. Sofort servieren.

GEBRATENER REIS MIT EI

4 PORTIONEN
Vorbereitungszeit: ca. 10 Minuten
Garzeit: 8–10 Minuten

- 2–3 Eier
- 2 Lauchzwiebeln (fein gehackt)
- Salz
- 3 Eßlöffel Öl
- 150 g Garnelen (gekocht, geschält)
- 150 g Hähnchen- oder Schweinefleisch (gekocht und gewürfelt)
- 50 g Bambussprossen (gewürfelt)
- 100 g tiefgekühlte Erbsen (ca. 3 Minuten erhitzt)
- 1 Eßlöffel helle Sojasoße
- 500 g gegarter Reis (entspricht ca. 150 g Rohware)
- Lauchzwiebeln (gehackt), zum Garnieren

1 Eier mit 1 Teelöffel der gehackten Lauchzwiebeln und 1 guten Prise Salz in eine Schüssel geben und mit einer Gabel leicht verschlagen.

2 Zirka 1 Eßlöffel Öl im Wok erhitzen und die Eimischung zugeben. Unter ständigem Rühren die Eier stocken lassen. Rühreier aus dem Wok nehmen und in einer Schüssel beiseite stellen.

3 Restliches Öl im Wok erhitzen. Garnelen, Fleisch, Bambussprossen, Erbsen und die restlichen Lauchzwiebeln darin ca. 1 Minute anbraten. Dann die Sojasoße unterrühren.

4 Alles 2–3 Minuten unter ständigem Rühren weiterbraten. Reis und Rühreier in den Wok geben. Alles gut vermischen. Das Rührei soll dabei zerfallen und gut unter den Reis gemischt werden. Das Reisgericht mit Lauchzwiebeln garnieren und heiß servieren.

GEBRATENER REIS MIT SCHWEINE-FLEISCH

- 2 Eßlöffel Öl
- 1 Knoblauchzehe (durch die Presse gedrückt)
- 150 g Schweinefilet (in Streifen)
- 3 Eßlöffel helle Sojasoße
- 2 Eier
- 1 Eßlöffel Tomatenmark
- 1 Eßlöffel Zucker
- 1 kleine Zwiebel (gehackt)
- 750 g gegarter Reis (ca. 250 g Rohware)

ZUM GARNIEREN:

- 1/4 Salatgurke (dünn geschnitten)
- 1 Zitrone (geachtelt)
- 1 Bund Koriandergrün (gehackt)
- 1 rote Chilischote (entkernt, in Ringen)

1 Öl im Wok erhitzen. Knoblauch darin ca. 1 Minute anbraten. Fleisch und 1 Teelöffel Sojasoße zugeben, bei mittlerer Hitze ca. 5 Minuten mitbraten.
2 Eier in den Wok schlagen und ca. 2 Minuten unter kräftigem Rühren braten. Tomatenmark, Zucker, restliche Sojasoße und Zwiebel zugeben und ca. 1 Minute braten.
3 Reis zufügen und alles zusammen weitere 5 Minuten unter Rühren braten. Mischung in eine flache Servierschüssel oder auf 4 Teller füllen. Mit Gurke, Zitronenachteln, Koriandergrün und roter Chilischote garnieren, sofort servieren.

4 PORTIONEN
Vorbereitungszeit: 10–15 Minuten
Garzeit: ca. 15 Minuten

NASI GORENG

- 250 g Langkornreis
- Salz
- 2 Eier
- 2 ½ Eßlöffel Öl
- 1 kleine Zwiebel (grob gehackt)
- 2 Knoblauchzehen (grob gehackt)
- 1 grüne Chilischote (entkernt und grob gehackt)
- 1 cm Terasi (Krabbenpaste) oder 1-2 Teelöffel Sardellenessenz, nach Wunsch
- 1 Teelöffel Tomatenmark
- 250 g Hähnchenbrustfilet, Schweine- oder Rindfleisch (mager, gekocht, in dünne Streifen geschnitten)
- 250 g frische oder tiefgekühlte Garnelen (gekocht und geschält oder aufgetaut und trockengetupft)
- ca. 3 Eßlöffel Sojasoße, nach Wunsch
- Pfeffer

ZUM GARNIEREN:

- fritierte Zwiebelringe (siehe Seite 8)
- Korianderzweige
- Gurkenscheiben

1 Reis unter fließendem kalten Wasser waschen, ½ l Wasser und Salz zufügen, aufkochen. Umrühren, dann zugedeckt 15–20 Minuten oder bis das Wasser aufgesogen ist, köcheln lassen. Von der Kochstelle nehmen, Reis in ein Sieb geben, kurz mit kaltem Wasser abschrecken. Beiseite stellen.

2 Eier verschlagen und nach Wunsch würzen. 1 ½ Teelöffel Öl in einer Pfanne erhitzen, Eier hineingeben und ein Omelett daraus braten. Das Omelett fest aufrollen. Beiseite stellen. Zwiebel, Knoblauch, Chilischote und nach Wunsch Terasi im Mörser oder im Mixer zu einer Paste verarbeiten.

3 Bei mittlerer Hitze restliches Öl im Wok erhitzen. Zwiebelmischung und Tomatenmark zugeben. 2–3 Minuten unter Rühren braten. Nicht braun werden lassen.

4 Fleisch zufügen und bei starker Hitze 1–2 Minuten erhitzen. Garnelen zugeben und ca. 1 Minute mitbraten. Gekochten Reis in den Wok geben und 1–2 Minuten untermischen. Sojasoße nach Wunsch darüber träufeln.

5 Nasi Goreng auf einem Servierteller anrichten. Das aufgerollte Omelett schnell in feine Streifen schneiden und auf den gebratenen Reis legen. Mit fritierten Zwiebelringen, Koriandergrün und Gurkenscheiben garnieren. Sofort servieren.

3-4 PORTIONEN

Vorbereitungszeit: ca. 40 Minuten
Garzeit: ca. 10 Minuten

GEBRATENER REIS MIT CHILI

- 150 g Rinderhackfleisch
- 250 g Kidneybohnen (aus der Dose, abgetropft)
- 1½ Eßlöffel thailändische Fischsoße
- 1 Eßlöffel dunkle Sojasoße
- 4 rote Chilischoten (entkernt und fein gehackt)
- 3 Knoblauchzehen (durch die Presse gedrückt)
- Salz
- 2 Eßlöffel Öl
- 100 g grüne Bohnen (in 1 cm lange Stücke geschnitten)
- 750 g gegarter Langkornreis (entspricht ca. 250 g Rohware)
- 1 Eßlöffel Zucker
- Salz und Pfeffer
- Fischsoße, nach Wunsch
- 1 Bund Basilikum (vorzugsweise thailändisches, in Streifen geschnitten)

1 Rinderhack und rote Bohnen in eine Schüssel geben. Gut mischen. Fischsoße und Sojasoße unterrühren. Abgedeckt 30 Minuten marinieren.
2 Chilischoten, Knoblauch und Salz in einer Schüssel vermischen. Öl im Wok erhitzen und die Chilimischung darin ca. 1 Minute anbraten.
3 Rindfleisch-Bohnen-Mischung zugeben und unter ständigem Rühren ca. 3 Minuten braten, bis das Fleisch krümelig wird. Grüne Bohnen unterrühren und alles weitere 3 Minuten bei mittlerer Hitze braten.
4 Gegarten Reis und Zucker untermischen. Unter ständigem Rühren Reis erhitzen. Mit Salz, Pfeffer und Fischsoße würzen. Auf einem Servierteller anrichten, mit Basilikum bestreuen.

4 PORTIONEN
Vorbereitungszeit: ca. 40 Minuten
Garzeit: ca. 10 Minuten